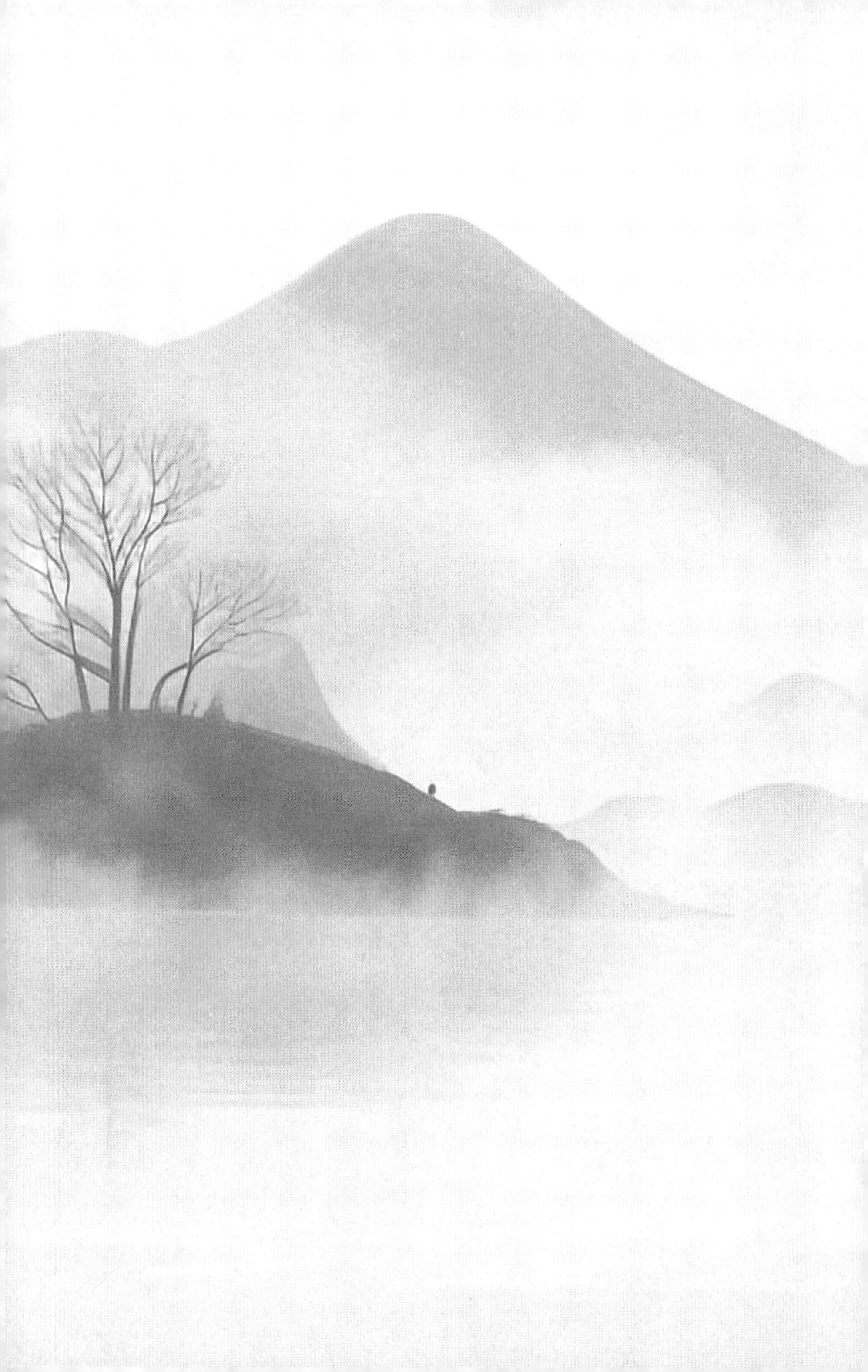

Julian Hermsen 朱利安・赫姆森————著　林吉莉————譯

當富豪遇上僧侶

一個逆轉人生的真實故事

DER MILLIONÄR

UND DER MÖNCH

繁體中文版序

親愛的台灣讀者：

我非常高興《當富豪遇上僧侶》能從德語翻譯成繁體中文，讓你們閱讀。

之所以寫這本書，是因為我想要跳出財產、權力和金錢的世界，這些東西，無法讓我們快樂；這些事物，在面臨死亡時也已不再重要。相對地，像是愛情、親情、友情、社會責任的價值，以及專注個人的人生使命，才是更應該被強調凸顯出來的。

我相信，這個世界並不會因為這本書而改變，但每個讀者卻會因此改變他們的世界，以及和最親近的朋友及家人的世界。我為此感到驕傲。這本書在德國創下銷售佳績，獲得許多令人驚喜的回響，以及無數的演講和諮詢邀約。

對於它能在台灣出版，我感到特別興奮，因為我和家人已經到台灣度假過好幾次，尤其對太魯閣國家公園和宜蘭印象特別深刻、特別懷念。

我期待能聽到你們的回應，祝福你們在閱讀中獲得喜悅和滿足。

朱利安・赫姆森

國內各界名人激賞推薦

郝旭烈（尚學管理顧問有限公司總經理）

黃瑞仁（《把自己活成好故事》作者、《指北針》Podcast節目主持、故事超人）

張德芬（作家）

愛瑞克（《內在原力》系列作者、TMBA共同創辦人）

羅志仲（人際溝通講師、身心靈作家）

蘇益賢（臨床心理師）

來自國外的熱情推薦

德國《商業內幕》（Business Insider）精選為「思考人生的必讀好書」——

「在這個真實故事中，我們聆聽著這位富豪和僧侶在相遇後，談論幸福、愛、財富、正念、成功、教育和生命的意義。」

德國及其他國家上班族、企業領導人、身心靈工作者 各界讀者好評推薦——

- 「非常感人的故事——不僅因為是真實的，它確實讓我思考了自己的人生和目標。」（德國，蘇桑K.）
- 「讀這本書，你會開始思索自己的生活態度，有些是人在生病或遭遇挫折危難時才會想到的事……相當令人振奮的好書！」（德國，佩特拉）

●「一本很棒的禮物書，我會將它推薦給所有被名利束縛的工作狂朋友！」（德國，契兒）

●「很久沒遇到這麼讓人著迷的書了！它翻轉了我對生命的看法。」（德國，維多利亞）

●「已習佛三年的我，很高興遇到這本書，一份珍貴的禮物。」（德國，卡米）

●「身為一個企業的領導者及愛好冥想的我，對於這本書懷著滿滿的感謝。」（美國，沃爾特）

●「生活中隨時需要這樣的書，指引你的心靈走在正道。值得推薦！」（西班牙，心的所在）

●「我讀兩遍了！雖然一開始就能料到結果，但重要的是閱讀過程，富豪和僧侶的對話中，有許多想法觸動了我。」（波蘭，蕾娜）

●「它教會我：與自己和平共處。不要去計畫未來，真實的人生只發生在此時此刻。」（捷克，J & J）

第 1 章

那時的我並不快樂。

印表機輕輕地發出嗡嗡聲響，抽拉進一張白紙，再出來，就是這個了——我將前往泰國的來回機票。啟程時間就在兩天之後。接下來的三個星期，我會安靜放鬆地待在一位僧侶身邊，和眼前的一切保持距離。

這是我的助理琳達花了好多時間搜尋，精心替我安排的計畫。「安德烈，你真的需要好好放個假，你這樣已經接近過勞了。」她警告的話語在我腦中迴盪著，然而我卻想：再讓我踏進辦公室一次吧，這樣我才會甘心出發去機場。

可是我又回頭想，上次度假到底是什麼時候，竟不自覺地對自己說：「是四年前。」我低咕了幾句，把脖子縮進領子裡。這時的德國還很冷。也許我的下屬是對的，泰國的驕陽會給予我新的力量。

我從印表機拿起那張紙，沿著邊線仔細將紙兩邊對齊摺疊好，然後把這個去程機票放進標記「泰國」文件夾中的第一個透明袋裡。在「泰國」兩字的下方，是一位穿著傳統橘色袈裟的僧侶照片，他盤著腿面向一座寺廟，雙手合掌。一個念頭浮現我腦海：我幹嘛要去這一趟？真不知道我人在那麼遠的地方，我的公司是否還能存活下去？要是我的職務代理人無力承擔、勝任不了怎麼辦？我隨即抓起手機，按了職務代理人伯恩小姐的號碼，把手機靠在耳旁。

突然，我腦袋閃過一個聲音：現在是星期天晚上，安德烈，掛斷吧。我感到有些尷尬，趕緊切斷，把手機螢幕朝下放在桌上，然後迅速拿出行事曆，記下明天代辦事項：和伯恩小姐開會，重新討論未來三週。然後我打開筆電，開啟信箱，很快地輸入。收件人：露易絲・伯恩；主題：安德烈休假期間。「你好，伯恩小姐。」才開始打第一行字，我的視線便落到一旁，有僧侶大相片的那個文件夾，於是把才剛開啟的視窗關掉，闔上筆電。也許這會讓我平靜些，放鬆一下也是好的。我想著，也對自己說些安定心神的話：「才待三個星期就回來了，更何況在泰國還可以用手機掌控一切。」不過這個說法也沒讓我完全安心，尤其當我躺在房裡那張特大的雙人床上時，忍不住想著，我擁有想要的一切：一座向南的別墅、好幾輛豪華房車、專屬的司機和女管家，還有整座城市最昂貴的西裝……但為什麼，我還是不快樂？

* * *

第二天早晨，就如同過去的每一天，鬧鐘準時在五點半響起。

首先印入眼簾的，是懸掛在房裡的大型矩形畫框，框裡寫著西塞羅的名言：「沒有一座堡壘是穩固到金錢攻不下來的。」沒錯，就是這樣！我自信地想著，然後舉起雙腿，抬高我那張痛到扭曲的臉頰，好不容易才在床上坐起來。這狀況已經很久了，我一直被背痛、腰痛和膝蓋痛困擾著，過了五十歲的人都會有這些毛病吧，我一邊想著，目光便落在我的蘋果手機上——眼睛都還沒從黑暗中適應過來，就已經看到十七封未讀郵件。我深吸一口氣，像叢林猩猩一樣舉起拳頭敲打胸部，然後起身，往房門走去。

到主臥室門口大概有二十公尺，那上面鋪著柔軟的高級絨毛地毯，我很喜歡每天早上踏過那地面，然後穿過樓上的走廊，到房間正對門的浴室。

它右邊最後一扇門虛掩著。我停頓片刻，看向那扇大型深色的木製房門。上面貼著「拉娜」，是我女兒的名字。自從四年前和妻子離婚之後，拉娜也踏上自己的路，到紐約讀書去了。看看錢多好用！我驕傲地想著，無法忘記自己如何在財務上資助她到哥倫比亞法學院讀書。

「阿雷，打開浴室的燈。」我命令那個擺在長廊鏡子旁的白色小盒子。阿雷很聽話。「要是每個女人都這樣簡單不複雜，該有多好。」我笑著開啟每天早晨的例行公事：沖澡、刮鬍子、擦乳液、吹頭髮，然後將柔軟的大浴巾在肚臍高度位置上包好，離開浴室朝衣物間走去。當我才握到鍍金的門把時，裡面傳來聲音，「瑪爾塔？」我朝門裡輕聲喊道。

「安德烈，對不起，我今天睡過頭了，剛剛才把你的西裝掛到衣帽間。都準備好了，我現在出來。」瑪爾塔膽怯地將門打開，走了出來。她雖然擔心，還是一如以往和藹可親的站在我面前。她擔任我的管家已經十六年了，我一點也不想失去她。

「你不需要說抱歉，我很相信你。」我是打從心裡這麼想，便把手輕輕放在她的肩上，然後帶著我最精緻的西裝離開衣帽間，沿著旋轉梯走下樓。

陽光從階梯上巨大的橢圓形窗戶照進室內，我聞到了煮咖啡的味道，還有新鮮柳橙汁，和可頌剛烤好出爐的香味。「啊！瑪爾塔。」我想著，忍不住為了她所做的這一切讚嘆。

跟平常一樣，早餐不到五分鐘就解決了。瑪爾塔遞給我外套和公事包，並祝我最後一個上班日順利。我打開沉重的大門走到前院，兩座石獅子左右各一，立在大門兩側，在晨光中閃耀著。儘管朝陽刺得眼睛幾乎睜不開來，我仍能認出那輛深藍色的邁巴赫（Maybach），此時已經繞過院中大型噴泉向我駛來。我向前走下階梯，直到與右後車門等高的位置才停下來。駕駛座的車門打開了，約亨準備下車幫我開門。

約亨是我的司機，也是我身邊的一名忠僕。「不用下車，朋友。」和他打過招呼後，我自己打開車門。就如同每個清晨一樣，一上車，迎面撲鼻而來的是我最喜歡的香草味，搭上剛擦拭過的納帕高檔皮革的味道。我滑坐到柔軟的皮椅上，閉上雙眼。突然傳來歌曲：I get knocked down, but I get up again（我被擊倒，但是我會再站起來）——是我的手機鈴聲，打斷了這片刻的平靜。螢幕上顯示未知來電，「安德烈．伯格。」我接起電話，聲音聽得出來不太開心。對方沒有回答。我氣得掛上電話，「真好笑。」我低吼著，認真地想或許該把電話號碼換掉。約亨從後視鏡看了我一下，這時，座車駛過車道，開往盡頭那座宏偉的大門。

車上一片沉默，幾分鐘後，我們來到四線道的交岔路口，約亨打了右轉燈，依序排在右線車道上，停在紅燈等待線後。

我發現，他好幾次透過後視鏡看我，似乎在擔心什麼。車子一起步後我忍不住說道，「這裡真的一團亂，每天早上都一樣，這些人到底要去哪！」我氣呼呼罵道，每天到公司的路上都要面對這樣的塞車。

「先生，我們沒辦法改變這狀況。」約亨想要安撫我，但他的聲音聽不出能讓我好過一點的希望。

我很生氣，對塞車，對這交通狀況，對那些正要開車去購物的中產階級、或是做保險要去上班的人，「我應該有條專用車道才對！」坐在後座的我生氣地抱怨。我真心覺得，我的生活以及其他所有跟我相關的一切，比其他人重要。約亨對於我在坐車時發脾氣的狀況一點也不陌生，他保持著沉默。我按下中間控制器上的黑色按鈕，讓隔離前後座之間的黑色夾板緩緩升起。幾分鐘後，我們又開始向前行駛。

十五分鐘後，約亨將車平穩地開進公司園區，管理員遠遠看到我們的車，已經將入口柵欄打開，好讓我們進入停車場。約亨開過了六排長的停車位，只有零星幾個車位上已停了中產階級的房車。現在才六點半。我像在跟自己解釋眼前的狀況。接著到了正門口，上方有個牌子用大寫字母放著我的名字，約亨熟練地將車停在掛有「董事長」標示牌的停車位上。這是我的車位。我下了車繞到駕駛座門旁，向約亨點了點頭，示意他可以離開了。

第 2 章

現在進入我的世界。兩扇玻璃大門安靜無聲地打開，我踏進了我的企業王國。入口處被寫有「歡迎光臨」的一大片地墊佔據了。一如每天早上，我經過門口的接待小姐。「早安，伯格先生。」她友善地微笑打招呼。沿著長長的接待區，我走進電梯把門關上，用專屬的鑰匙插入第十三樓。到達樓上，門自動無聲地滑開，我走入完全屬於自己的樓層：先是穿過我用橄欖樹和現代藝術品精心裝飾的落地玻璃會議室，然後進到自己的辦公室。我愛這一切，大型桃花心木製辦公桌，立在這大約五十五坪空間的正中央。四面牆上掛滿了裱框的照片，大部分是我和知名的政治人物、運動員或企業名人的合影。我坐到那張小牛皮單人沙發上，一打開筆電，就跳出通知：「七點，季度數據」。

我的助理琳達出現在辦公室門口，「早，安德烈。」她容光煥發地看著我。

「早，琳達。」我自信滿滿地回答。

「我把你要的咖啡和報紙都準備好了，郵件也處理完了，已經轉發給各單位負責的人，一樣有寄副本給你。七點的會議在柏林會議室已經為您準備好了。您還有其他要吩咐的嗎？」專業自信的她對我做了晨間會報。我很喜愛這樣的報告，所有的事物都必須要有規矩秩序。

「謝謝你，琳達。」我回答道，「請安排通知所有單位的主管階級，下午一點半開會。」

「差不多完成了。安德烈。」她和善地回答，將鞋跟調頭，走回她的辦公桌。

差不多完成了？她的話在我腦中回響，讓我也意識到自己有多麼討厭事情沒做完。「我只想聽到『完成了』。」我想著，感到有一點惱火。這間公司畢竟是靠我自己單打獨鬥創立的。經過多年所花的時間、汗水、精力和大量資金的投入，我用嚴格的規則、紀律和雄心實現了所有這一切——我可以很篤定地這麼說。

會議上，部門經理向我呈上的季度數據報告，很令人滿意。各個單位的營收，都比上個季度成長了四個百分點。

儘管如此，我還是發現自己在蓋茲尼克先生報告時咄咄逼人。「為什麼不是百分之二十四？」我在筆記本上胡亂塗寫。早上我讀了這期的經濟週報，每過一夜，馬斯克（Elon Musk）就多賺了好幾百萬歐元。他一定是超級富豪！這點我很確定，也幾乎說服自己一定要再賺更多錢。我很有錢，甚至對很多人來說我是超級有錢。但我還是夢想有台私人噴射機。我敢打賭，伊隆．馬斯克就有一台。我感覺到自己隨著這個想法產生滿腹的牢騷，並且立刻寫下了待辦事項：在泰國時，找到能贏取最大利潤的新動力。

下午一點半的會議讓人非常沮喪，包含所有主管領導階層，伯恩女士也參與其中。會議最後我再度提醒，從明天開始三週，我都不會出現在這裡——也就是我的辦公室，這個在過去二十四年內我總會在的地方。大家臉上的表情有理解、有開心，也有大鬆一口氣，但沒有半個人敢說出口。我想，這可能會是個風險：公司的領導者缺席三個星期。我心裡有些不悅。於是帶著微慍向在場的領導幹部致謝，接著以這句話和他們告別：「任何超出計畫範圍的事，我希望你們都會向我報告，我的手機日夜都開著，當然隨時都可以聯絡我。」當所有人都起身，離開會議室並關上門時，我在他們身後喊著：「三週後見！」甚至暗自期待，他們至少有個人會對我的缺席感到遺憾。只是當時我沒料想到，我口口聲聲說的「回程」，再也不會發生。

＊＊＊

出發前的最後這一天，剩下的時間如同平日：數不清的電話，潮水般湧來的電子郵件，必須要審查的數字，檢查監控攝錄影機，一堆必要進行的流程。將近晚上十點時，琳達走進我的辦公室，有些驚訝地問道：「安德烈，您還在啊？」

「琳達，我必須為三個星期做準備吧？」我反問她，實在不理解她的疑問。接著，我用一種充滿責備的語調說：「老實說，我真的不知道自己該不該去，這怎麼行得通？我的公司需要我。」

「安德烈，」琳達笑著，慢慢向我走近：「這裡所有人都希望，您能繼續成功領導這間公司度過下一個二十四年。不過，您真的需要休息。我每天都會在這裡，向您報告所有訊息、所有發生的事。我向您保證。」我只被說服一點點，可是機票已經買了；而且不只手機，連平板電腦我也不會離身，筆電和筆記本都已經打包好了。不會有事的。我雖然這麼想著，卻很清楚自己根本不相信。「打給約亨，我現在出發。」我指示琳達。

「他已經在樓下了，安德烈。」她答道。

如果每個人都像琳達一樣，我就會少一點擔心了。這個我很確定。向琳達告別後，我搭電梯往一樓下去。在昏暗的燈光下，穿過空無一人的接待櫃檯，走到室外。約亨以真誠的笑容迎接我，並已將車門打開。等我坐進後車座，我的邁巴赫向前移動。「停一下，約亨。」我突然命令他。車停了下來，我轉過身，最後一次驕傲、且帶著些許感傷地看向我的企業。此時，屋頂上大型的英文字母被照耀成柔和的紅色，而我完全沒料到，這般景象我將再也看不到了。「謝謝你，約亨。」我感謝他，並示意可以繼續往前行駛。

＊＊＊

這天接下來都進行得很順暢。我的行李打包好了，整齊地擺在大門旁邊。上面有張紙條寫著：親愛的安德烈，祝福您有個放鬆的旅程。

房子您不用擔心，我會好好照顧的。致上最親切的問候，瑪爾塔。她已經離開回家了，整棟房子空無一人。從樓梯間投射出的微弱光線，足以照亮屋內走廊，讓我可以看清楚這棟屋子的規模。我把雙手插在褲子口袋，慢條斯理地穿越每個房間、探視每個角落，凝視著這份空蕩的靜寂。我想念我的老婆、我的女兒。當意識到心裡有這個想法，我突然感到好沮喪，但我只能迅速地把這個念頭甩開。「這正是成功要付出的代價！」我帶著訓斥的口吻，對眼前這片巨大的空虛說道。而在這個星期一的夜晚，我當然也沒想到，再過幾天，我將擁有一種全新的看法及體認，很快地，也不會再稱自己為「成功人士」了。

第3章

二〇一三年四月的這個星期二早晨，就如同這些年其他的早晨一樣。唯一不同的是，我比平常早起三個小時。瑪爾塔已經預先把早餐放在餐桌上，我很快地用完餐，換上一套精緻的西裝，便站在玄關入口，看著約亨將我三個裝得滿滿的行李箱，搬上邁巴赫。室外天還很黑、很冷，大概只有四、五度。我關上大門坐進車內，再看一眼我的房子，希望一切順利，我突然這麼想著。

這一天約亨看來心情特別好。現在回想起來，大概他已經預料到，這趟旅程將會徹底改變我。

車子行駛了大約十五公里後，到達了機場。約亨把邁巴赫直接停妥在正門口就下車，我看見其他人的目光，是忌妒、羨慕，也有欽佩。這對我而言就是一種驕傲感。「對，這輛邁巴赫就是我的，不是租來的，二十五萬歐元，全部現金。」在車內的我，心裡這麼回應著。此時我坐在車內固定的位子，很清楚接下來的流程：每次搭機出差，琳達就會預定「機場之友」的服務，約亨和一位從大門內趕過來的老先生直奔邁巴赫。

約亨打開車門，等我下了車，這位機場員工便將我的行李搬上運輸車。阿特斯先生／行李部經理，大大的字寫在他名牌上。經理？不可思議。我不相信地想著。我謝過約亨，祝他在我度假的這三個星期也能好好休息放鬆，便邁開步伐朝登機門走去。

「請問哪個櫃檯？」阿特斯先生問道。

「七號，漢莎航空，頭等艙。」我回道。

我們安靜地穿過還很冷清的機場，直接走往專屬櫃檯。在報到櫃檯前，有些人排隊等候著，我們則越過所有人到頭等艙報到櫃檯。檢查過我的證件，所有的行李也過秤之後，櫃檯小姐給我登機證，並為我指出方向，友善地向我道別：「祝您有個舒適愉快的旅途，往那個方向可以到達您的登機門。」

謝過她之後，我朝著她所指的方向走。沿途經過數不清的餐飲店鋪和小型餐廳，路上我看到一個中年男子，站在咖啡外帶的收銀檯前，「一共是六點九歐元。」店員對他笑著說。

怎麼可能買一杯快要七歐元的咖啡？這個人一輩子也不可能成功。我想著，心滿意足於自己的信條：「擁有始於持有。」[1]

再次檢查過個人證件，我就被帶領到特別的候機區。離起飛還有兩個小時。我想著的同時，找了個位子坐下，把登機箱放在腳邊，取出了我的筆電。候機的時間可以用來回覆信件。

---

1 德國關於節儉的俗語，意思是懂得節省自己的錢，控制自己的慾望，最終就會得到更多。重要的不是你得到多少，而是你能保持、留存多少。

＊
＊
＊

航班順利起飛了。負責服務我的空姐禮貌且熱情，畢竟為了這趟飛行，我可是透過公司付了五千歐元呢。

經過將近十二小時之後，廣播傳來聲音：「各位先生女士，請繫上您的安全帶，並請豎直椅背和前方小桌板，我們即將降落在曼谷國際機場。」在我座位前的螢幕上，閃示著目的地：曼谷―素萬那普（Bangkok-Suvarnabhumi）。

我是屬於最早下飛機的人。走下階梯的第一步，就讓我清楚了解到自己身在何處。

熱！感覺就像一道有四十五度高溫的氣牆向我迎面襲來。好溫暖。我想著，突然感到心情大好。順利通過安全檢查入境之後，我帶著行李走向計程車搭乘處。那是個大型、有屋頂的等待區，裡面擠滿了數不清的計程車，正在等著載客。這裡非常熱，在泰國一直都是如此炎熱，就連四月在這裡也是「夏季」，意思是不會下雨，無法降溫，就只有熱。

我很快就發現，所有的計程車都是豐田可樂娜（Toyota Corolla），我尋找著自己所熟悉的賓士E-Class轎車。短暫掃描過一遍，帶著行李穿越了這個超級大的空間之後，才發現根本找不到半輛賓士，只好滿頭大汗地停在一輛紫色豐田車前。這車就跟其他所有等待的車一樣，引擎都沒熄火還啟動著。一個年輕人穿著亞麻長褲、寬鬆格子條紋襯衫和涼鞋，下車對我微笑。「請問要去哪裡？」他非常客氣有禮地問道，微微彎腰鞠躬。

「請到曼谷奧克伍德優閣酒店。」我回答道。

我的司機小心地將我的行李放進後車廂，我們就出發了。

在泰國的第一晚，我想在一間舒適的飯店度過，好讓自己慢慢適應這個新文化。然而一路到飯店的車程，只可以用冒險來形容！在計程車內非常冷，司機沒有繫安全帶，車速一直過快，而且他看起來似乎很疲倦。當我終於看到飯店時，心頭一塊大石頭才終於卸下，我暗自發誓，再也不要在這裡搭計程車了。

第4章

突然，司機猛力煞車，將車停在飯店大門口，我透過車窗望出去，看到一張堆滿笑意的臉，「您好。」行李員雙手在胸前合十，朝我微笑，稍微欠身鞠躬，歡迎我的到來。怎麼這麼親切？為什麼他心情這麼好？一個行李員又賺不了多少錢。我想著時，他推著裝滿我行李的運輸車，跟在我後頭一起走進大門。當我一踏進入酒店，原本四十五度的氣溫一下子掉到十度。空調的冷氣讓我頓時覺得很舒適。

為我辦理入住手續的，是個漂亮年輕的泰國女子，她將房卡交給我，臉上洋溢著笑容，並且用近乎完美的德語祝我入住愉快。

在曼谷的第一晚無須我多做描述，在我的

日常生活中已經習慣這份奢華和待人禮節。一直停留在我記憶中的，是人，我感覺到自己不僅僅隨著飛機離開了德國，也離開了德國人對人的那種沉悶態度。但這裡，打從我一降落機場開始，就有無數陌生的臉孔對我微笑。如此簡單。在當時對於這一切，我還無法理解，怎麼可能同時有這麼多的人心情都很好，看起來都很滿足的樣子。

＊＊＊

隔天一大早六點，鬧鐘響起。我感覺到喉嚨乾癢，想是夜裡空調持續開著的關係。習慣性地順手拿起手機看了一眼，竟然沒有新郵件！沒有未接來電！也沒有簡訊！難道這裡收不到訊號？我驚訝地問自己，急忙查看手機無線網路訊號強度的圖示——竟然是滿格。「我已經指示過所有的人，要一如既往地向我會報一切，但怎麼會是眼前這狀況？」我越想就越憤怒。走進浴室前，撥了琳達的號碼，沒有人接！我感覺到在內心不斷湧起的怒氣。再撥一次。還是無人回答。這不可能是真的，我才一天沒進公司，一切就都走樣了！我根本不該出國！這點我非常確定。

這個早上我又打了二十幾通電話，結果都一樣，這證實了我的推測。於是，我試著在網路上找即刻回程的班機，決定吃早餐時就來訂機票。我實在已經餓翻了，再加上泰國菜一直很吸引我。

在晨間淋浴過後，我穿上西裝，沿著走廊來到電梯前。我還是很生氣。身穿紅黑相間制服的一位泰國年輕男人，站在電梯口，和藹地向我微笑問候：「早安，您是要到大廳用早餐嗎？」他問道，保持微彎的姿勢。

「是的。」我不太友善地回答，實在不明白為什麼他的心情也這麼好。

電梯門在一樓打開，我往餐廳的方向走去。越過接待櫃檯時，發現一件讓我快要窒息的事——牆上掛著五個相鄰的大型時鐘，在一個時鐘上方標示寫著「曼谷」，指針指示時間為六點四十三分。第二個標示著「柏林」的鐘，指著一點四十三分。

我驚訝地呆站在原地，直盯著時針，再看著那些標示地點的文字，當看回時針時，才突然意識到，我竟然在凌晨一點打了二十幾通電話給琳達！我感到一陣羞愧，趕忙拿起手機發簡訊給我那位可能睡得正香甜的助理。「早安，琳達。真對不起撥了那些電話給你，我把手機放在褲子口袋，所以不小心按到你的號碼。」送出。愧疚感這才減輕了些。「不要示弱，安德烈。」我對自己說。然後看了看時間，發現只剩一小時能吃早餐，因為按照計畫，等一下會有輛小巴士來飯店接我，將我連同身邊那所有的家當，一起送到泰國南部的蘇叻他尼（Surat Thani）。

＊ ＊ ＊

早餐實在是太美味可口了。吃得很飽，但心裡還是一直掛念著公司。七點五十五分，我站在飯店前，放眼搜尋小巴士的蹤影。在這個時間點，天氣已經非常熱，儘管天空有雲層覆蓋，仍然感受得到太陽強大的熱能，正穿透到我身體裡。「什麼也沒看到。」我有點錯愕地叨唸著。琳達將所有行程細節都鉅細靡遺地寫下來，為了保險起見，還另外寄了一份電子郵件。我把手機從西裝褲口袋裡拿出來，再讀了一遍：「出發時間八點，從飯店搭Sun-Liner旅遊，抵達時間：下午四點四十五。」嗯，這一定要讚美一下德國人的守時。我思考著。自己這輩子從來沒有遲到過。這對等待者毫無尊重可言。我心中十足堅定這個想法。

過了十七分鐘，終於有一輛寫著「Sun-Liner」的小型巴士朝飯店開來。

這輛車相當破舊！我很震驚，想到自己竟然要在這輛車裡度過大半天，我開始恐慌了起來。巴士停在我面前，看了一眼車門踏板，不禁想著，在這麼炎熱的國家，怎麼可能在一台車上有這麼多生鏽的地方？司機是個看來大約二十五歲的泰國男人，帶著笑容走向我，問道：「您，往南？」

「蘇叻他尼。」我回答他，毫不掩飾對這輛車的不滿。「這車真的還能跑嗎？有通過車檢嗎？」我懷疑地問，同時在空中比劃著轉動方向盤的動作。

「可以啦，這台車很棒，很穩的。」司機滿臉笑意地回答我，然後一副很有活力地把我行李搬上車廂。他拉開推門，我這才看見這段車程我得和三個人同車。最後一排坐著一對情侶，看起來像是歐洲人。他還抱著她，她把頭斜靠在他肩上睡著了。**真甜蜜啊**。我對於自己居然有這個想法嚇了一跳，自從離婚之後，我認為任何一種形式的關係，都只是時間和精力不必要的浪費罷了。

中間排的座位，是個穿著色彩繽紛的年輕女孩。她也是睡著的，雙手抱膝，頭斜靠在車窗。

我挑了個靠近前排的座位，發現自己一身設計師品牌的西裝和這個位置格格不入。車內裝潢陳舊不堪，椅墊千瘡百孔且塌陷，司機座位椅背掛著一塊布，前擋風玻璃有條大大的裂痕。我感到一陣噁心與不安。透過前方兩排座位，我看到司機的名牌，一張他笑容滿面的照片旁，有泰文寫著他的名字。

巴士在發出尖銳嘎吱聲響中向前移動。我腦中立刻冒出一個想法：琳達怎麼可以這樣對我?!我感覺到怒火湧上心頭。在最初兩個小時，我就只是直挺挺地坐著，全神貫注觀察司機、這輛車子和四周環境。

在曼谷這個有幾百萬人口的城市，這樣的交通對德國人來說實在難以忍受：八線車道上，有些乘坐超過三個人的輕型機車，穿來鑽去的，企圖在擁擠的車陣中更快速前行。大量的車流，其中絕大部分都是豐田，混雜著看起來是自己改裝的嘟嘟車、遊覽車和大貨櫃車。我們的巴士微微開啟的車窗，將車外悶熱的天氣和駕駛們不可思議嘈雜的喇叭聲，全都傳了進來。

當交通號誌一轉為綠燈，八線車道突然變成三線車道，對面車輛蜂擁朝我們衝過來，在巴士前猛按喇叭。我們司機卻總是輕鬆微笑，試著在右邊車道找空位，好讓等待的對向來車過去。我的眼光停在這些數不清的車上，完全搞不懂狀況，這些人按喇叭的同時，居然都面帶笑容。

過了好一會兒，我們終於離開大城市，道路也變得更加窄小、崎嶇不平。巴士顛簸前行，好幾次都要讓我飛起來撞到車頂。我滿心疑惑，難道我們司機沒有想過，應該配合路況適當地減速？我開始在四下尋找安全帶，竟然沒有！「在我們那裡，這是不可能發生的！」對於這種狀況，我低聲抱怨起來，強忍著一肚子的怒氣和擔憂。

越往南前進，四周的景色越冷清。大型棕櫚樹、高高的芒草打造出了整個風景。街道兩旁時不時有穿著傳統服飾的當地人提著物品。一隻大象在一個轉彎處的大樹下，獨自滿足地吃著葉子。「哥冬葉[2]。」司機對我喊道，並指著正吃得津津有味的大象。「就跟古柯鹼和大麻一樣，在這裡到處都是。」他笑著解說。

我到底為什麼會在這裡？我心想。一輛不適合上路的車，看起來完全沒有規則可言的道路交通，以及一隻嗑藥的大象。這樣的想法一點也不有趣，因為跟我的生活是完全不同。

我的勞力士顯示現在是十二點了。開始有點餓了，很快也要找廁所了。

這個司機似乎會讀心術，他突然將搖搖晃晃的巴士，轉到一塊看起來應該是休息站的水泥空地上。這裡很寬敞，上方一部分有屋簷遮擋，但四周是開放的，眼前擺滿了餐桌椅，後方遠處我看到一個像是廚房的地方，裡面有三個年輕女子在大鍋子前烹煮忙碌著。這裡除了我們之外

---

2 kratom，台灣稱「卡痛」。

沒有別人。這下終於可以有效率地辦點事了。想到這裡，我心情好些了，尤其還想到，等一下應該也有機會找廁所了。

此時，車上三個人都睡著了，司機也不打算叫醒他們，所以只有我們兩個下車用餐。

午餐是當地的傳統料理，我不得不承認，這比在飯店裡吃的更美味可口許多。用餐時我問司機，他做這份工作多久了。

「一輩子囉。」他看起來很驕傲。我實在很訝異，他怎麼會對這種工作感到滿意，而且看起來很快樂。

「你有家人嗎？」我繼續問道。

「有啊，很多呢。」他笑著取出一張照片要給我看。那上面大約有三十個人，一個挨著一個跪坐在一間大木屋前。他們互相牽著手，在最前方站著一個穿橘色袈裟的僧侶，雙手捧著一個大金碗。

「哇，真的很多人。那位僧侶也是你的家人？」我訝異地問道。

「不是，龍磬是來拿飯。」他回答。

我該不會也要跟僧侶為了三餐走路去要飯吧？我開始猜想著。

「出家人自己不開伙，他們不可以——所以要靠大家捐贈……金高[3]。」司機看出我的疑惑，後面又補了兩個字。

「金高？」我皺著眉頭問他。

「就是這個啊，哈！」他指著我們盤子裡的米飯，大笑起來。

我想我可以接受米飯，然後我又接著問：「那如果哪天沒有人煮飯給僧侶吃呢？」

「啊，先生別擔心，每個人都煮飯的，給僧侶飯吃是好的福報。」他笑容滿面，雙手在胸前合十。「您要去拜訪僧侶跟寺廟？」看他笑的樣子，我可以確實感受到他看著我的穿著，覺得相當有趣。他說：「最好別穿這個，」手指著我的外套，又說：「蘇叻他尼廟在山上，很多森

---

3 Gin Kao，泰語「吃飯」的意思。

林和泥巴，常常要坐下。」

這下可好了。我一邊想著，一邊對他勉強擠出笑容，跟他點點頭。希望瑪爾塔有幫我準備一些便服。當我腦中掠過這個念頭時，感到有點不安。

＊＊＊

吃飽飯讓我放輕鬆了些，但同時也開始緊張起來，因為我們要繼續上路了。

「哈囉，您從哪來的？」一個清亮的聲音打破我的沉思，「我叫伊莎貝爾，從巴黎來的。」很豔麗的女人在我後面笑著，從椅子上方向我伸出手。

「我姓伯格，從德國來的。」我回答，感受著她手裡柔軟且溫暖的肌膚。

「您是來出差的嗎？」她指著我的真皮公事包。此時，我當它是手提行李帶著。

「但願如此。」我回答道，很高興終於有人願意和我聊工作了。

「我是來度假的，要拜訪一座在南邊山上的寺廟，待三個星期。」我很諷刺地說，想給人一種我真的沒時間做這些事的感覺。

「您一定會愛上的，伯格先生。從四年前開始，我每年會去西邊更遠的一間寺廟待上一個月，在寺廟裡過著短暫的尼姑生活。」她容光煥發，而且看起來對於我也將會有同樣的體驗感到興奮。

我轉過身回頭，發現自己很喜歡這個女人，她又長又黑的秀髮，微微有些波浪，輕輕分散垂落在肩膀上。她穿著一件涼爽的連身長裙，裙上有五顏六色的花卉圖案襯托出完美無瑕的黝黑肌膚。我猜她大約三十五歲上下，將近要比我年輕二十歲。深V微開的領口和燦爛甜美的微笑，勾起我強烈的慾望。我已經很久沒有和女人約會了。自從妻子和我離婚之後，我決定更專心一志在工作上，一心想要打造出一間全球數一數二的大公司。「可以叫我安德烈。」我再度自我介紹，向她伸出手。

「很高興認識你，安德烈。」她笑應。

「妳可以再和我多說一點，介紹一下在廟裡的生活嗎？」我試著開啟話題。

每次她在說話，把眼光看向別的方向時，我總會偷偷欣賞她美麗的臉龐和完美的身材。

「就像去到另一個世界一樣，你遠離了日常生活、擺脫了壓力和喧囂，整個人完全沉浸在異國文化裡，並且學習這些人的人生目標。我沒辦法跟你解釋全部，如果你不自己去體驗經歷，就無法深刻了解它。」伊莎貝爾向我保證，依然帶著微笑。

「聽起來很有趣。」我回答，希望她沒發現我根本沒有專心在聽。伊莎貝爾讓我著迷，我沒有一刻不想到我對她來說可能太老了，但畢竟我是個大富豪，幾乎可以給出她夢寐以求的一切。

現在回想起來，這是我的第一堂課，只是我後來才理解這一點。伊莎貝爾才剛準備說下一句時，就被司機打斷了。「還有三十分鐘就到邦拜邁（Bang Bai Mai）。」

「我要在那裡下車了。」一邊說著的同時，伊莎貝爾把書放進印有許多彩色大象的斜背布包裡。

「喔。」我嘆息了一聲，對她笑了笑，慢慢地轉回身朝車子前進的方向。我打開公事包前方的小口袋，拿出一張名片和萬寶龍筆，在反面用我那一貫難以辨讀的字跡，在我公司的標誌旁寫下「跟我聯絡」。我把名片拿在手上，正想轉身時，視線突然發現車窗外是一座機場——蘇叻他尼國際機場。這裡有機場？這是真的嗎？妳竟然讓我在這麼炎熱的天氣下搭了快九小時的車？我在內心咒罵琳達，感覺到身上的襯衫在西裝外套下因為汗水而沁濕。太離譜了，真令人不敢相信，這到底怎麼回事？我感到有點怒氣，看了手上的名片一眼，又想：我是在氣琳達嗎？不可能，她應該不知情，應該不是故意做這種安排的。突然間，我發現自己沒那麼生氣了。

「伊莎貝爾，如果妳和我聯絡，我會非常高興的。」我把名片遞給她，盡最大的努力擠出溫柔友善的笑容。

伊莎貝爾看一看名片，伸手取下，然後讀我的字跡。她大笑一聲說，「真可愛，安德烈。我會和你聯絡的，不過要等我回到巴黎之後才可能吧。」她對我眨眨眼。

「為什麼？」我錯愕地問道。

「你在寺廟的期間，手機必須關機。不過相信我，你也會希望如此的。」她對我那張混雜懷疑和緊張的臉評論道。

我朝她笑著，心裡卻想著：才不可能，我還有間公司要管理，可能那些僧侶不會明白，但我會教他們了解這一點的。不久後，我才了解自己的這番言論錯得有多離譜。

此時，我可以清楚感覺到自己頸子上脈搏的跳動，並且意識到自己的心跳有多快。這炎熱，還有因為伊莎貝爾而產生的興奮，加上手機的問題，一切都令我緊張不已，讓我感受到一股難以忍受的壓力。我想起醫生說過，我應該要趕快減掉幾公斤，吃得更健康、還要多運動，不然可能會心臟病發作。我一直把這些話當作是醫生行醫誓言[4]，是他們必須叮囑病人的善意建言。但現在，因為我身後這位年輕且顯然很健康的美麗女孩，我決定從這一刻起，好好遵守醫生的建議。我試著讓自己冷靜下來，慢慢吸氣、吐氣。

幾分鐘之後我們的司機把巴士停妥在一個小轉彎處，「邦拜邁。」他熱情地喊道，跳下車，打開巴士底部的行李箱門。

我一下車，泰國下午的豔陽便迎面襲來。我瞇著眼睛，轉了把手將座椅向前倒下，好讓伊莎貝爾可以下車。當她彎下身從我旁邊出去

4 希波克拉底是希臘醫學之父，他所立的一份誓詞，列出行醫倫理上的規範，是西方醫生在行醫就業前宣示的誓詞。

時，我聞到了她的香味，濃郁的香草味和一縷玫瑰花香撲鼻而來。我好喜歡這味道啊。

我們的司機將她的小行李箱放在路邊，以合掌「威」禮向她告別——這是泰國傳統的禮儀，雙手合十，微微傾身向前彎腰。伊莎貝爾也回以同樣的禮儀，然後轉向我，「安德烈，祝你玩得開心，好好放鬆，希望你有收穫。我會跟你聯絡的，到時再好好跟我說你所有的經歷。好嗎？」她朝著我笑。

「當然。我同樣也祝妳一切順利，伊莎貝爾。」我向前伸展雙臂，示意要擁抱，伊莎貝爾也朝向我，我們短暫地擁抱了幾秒。接著她便拿起行李，堅定踏出步伐，往一個小村落的方向出發。她不是說要住四個星期嗎？怎麼行李那麼少？我訝異地想著，重新折回椅背，又上了車。

那對情侶仍坐在那裡，他們似乎戴著耳機在聽音樂，沒有再往我這邊看了。

車子又發動了，在喀噠喀噠的響聲下，繼續向前。琳達不知如何了？公司運作一切正常嗎？我突然想到，現在應該所有人都起床上班了吧。我趕忙把視線從窗外美麗的風景中收回，拿出手機，螢幕上顯示「一則新訊息」，下方一列比較小的字寫著「三個小時前」。我竟然忘記要看手機！這太不可思議了！我訝異地想著，用手指點開訊息。「哈囉，安德烈，都沒問題。這裡一如以往，一切運作正常，沒有人請病假，還有一些新的訂單，我已經把它們用Email寄給您了。希望您平安抵達，一切順心滿意。祝好，琳達。」我立刻按回覆，馬上開始寫：「哈囉，琳達，很高興聽到這些消息，我馬上就去讀郵件。另外，妳為什麼沒有告訴我那個機場……」我停了下來，想了想，又把最後一句刪除，因為我同時想到和伊莎貝爾美好的相遇。

一打開電子信箱，馬上看到三張新訂單的合約，總利潤高達六位數。看起來一切進行得很順利，我滿意地想著。

＊＊＊

之後過了二十分鐘——已經是當地時間下午五點——司機離開主要道路，轉到一條只鋪好一半的小路上。大約兩公里後，這條路變成鋪滿碎石和大石頭的林間道路，我們的小巴士在爬坡道上發出更大的隆隆聲響，最後在山坡最高處停了下來，四周是濃密的棕櫚樹，和有巨型葉子植物的森林。

「蘇叻他尼。」我們的司機喊道。看得出來，他也因為這麼長的車程而顯露倦容，實在夠辛苦了。我向左往車窗外看去，一片森林。其他三個方向看去也都是同樣的景色。司機已經跳下車，拿著我的行李箱站在車門前，「先生，您到了。」他微笑地對我說。

我非常納悶地下了車，站在一片看似無邊無際的森林之中。到達這裡之前的路上，我只看到一間小咖啡館。「所以，廟在哪？」我無助地雙手一攤，看著四處問道。

「您往那條路走，大概二十分鐘就到了，沒問題的。」他友善地笑著，指了一條很窄的小徑，不比我的行李箱寬多少。

「帶著行李？這怎麼過得去？這裡沒有計程車嗎？」我有些惱怒地指著我那三個裝滿滿的行李箱問道。

司機笑了：「這裡沒辦法開車，走一點路對您是好的。」他客氣地回答，將我兩個行李箱疊在一起，然後把第三個交到我手上，示意我應該把它扛在肩上再用手扶穩。然後，他向我道別，也給了我一個「威」禮，就直接上了車。

我穿著整身名牌西裝，茫然地站在森林當中，肩上扛著一個行李箱，旁邊還有兩個放在地上。此時，小巴士調了頭，又一次跟我擦身而過，司機微笑著向我揮手。最後面那排座位上的情侶看著我，眼神流露出深深的理解：「這個西裝男，其實比較想要住在六星級飯店吧。」

沒錯，當然！

我環顧四周，還是這麼熱得令人窒息，雖然樹冠擋住了太陽，但熱氣仍舊毫不留情地貫穿過來。我發現四面八方能見度大約只有二十公尺，之後就全被灌木叢林覆蓋了。

突然感到有點不安，趕緊檢查一下手機和其他物品是不是都還在——都在。我鬆了口氣。

那輛巴士已經不見蹤影了。這裡肯定不會有失物招領處。我在心裡嘲諷著，仍然緊緊握住手機，螢幕上顯示「搜尋網路中」。其實，在被樹冠緊緊遮蔽住的荒郊野外，出現這種畫面我一點也不覺得奇怪。

我決定沿著小徑出發了。但此時已經滿身大汗了，再加上長途旅行疲憊不已，根本沒力氣拉動行李箱，而它的輪子也像在夏天用滑雪板一樣，完全起不了作用。當我每向前跨一步，輪子不是被凹凸不平的地面卡一下，就是完全動也不動。「老實說，這裡一切都太糟糕，我真的受夠了！」我對著森林怒吼，相信也沒有人聽得到。如果兩年前有人跟我說，我會汗流浹背且疲憊不堪地拉著行李箱，在完全沒有訊號的荒野碎石地上走著，我一定會說他瘋了。但現在的情況就是這樣，而我卻必須繼續走。過了十分鐘後，我看看手上的勞力士，思索著泰國到底幾點才天黑。我知道因為靠近赤道的關係，這裡日落時間不太會因為季節差異而有所不同。加油，安德烈，那個司機說走二十分鐘，你就快辦到了。我不停為自己打氣。幸運的是，這條小路是人開闢的，顯然經常有人走，因此鬱鬱蔥蔥的熱帶植物是沿著狹窄的小路兩旁生長。

我的思緒開始圍繞著有毒動物、湯姆．漢克斯主演的電影《浩劫重生》，還有越來越強烈的飢餓感。嘴裡不停咒罵的，是我那一步比一步更難拉得動的行李箱、時時刻刻停在我脖子上數不清的蚊子，還有在我西裝裡面越來越難以忍受的酷熱。希望瑪爾塔有幫我準備合適的衣物，冒出這個念頭的下一刻，我發現不遠處有一塊牌子，立刻用最快的速度，扛著沉重的行李在這極度不友善的地面上前行。

牌子是一塊深色的木板，用兩根釘子釘在一棵大樹上。上面寫的是泰文，兩行字各有一個指著不同方向的箭頭。

「這下好了，我怎麼可能知道該往哪個方向走？」我對著森林咒罵，從西裝褲口袋拿出手機，尋找琳達給我的筆記。「沒有！什麼也沒提到！說下午四點四十五分抵達，可現在已經五點三十七分了，我還站在森林裡！該死！」我簡直快要瘋了。沒有訊號，完全不知道該往哪裡走，最重要的是，我完全不想再走下去了。

「那我就睡在森林裡好了，豈有此理！」我近乎絕望地咒罵個不停。最後決定向右走，那條路看起來比左邊寬得多，比較好走，也比較吸引人。

「誰說只要二十分鐘！」我嘟囔著，生氣跺著腳地穿過森林，鞋子沾滿了紅色沙子，襯衫也因為汗水變得皺巴巴的。我站著，稍停了一會兒，看見幾隻小猴子在樹頂和棕櫚樹之間跳來跳去，數不清的鳥兒鳴叫不停。潮濕的空氣還是讓人無法忍受。我慢吞吞、十分洩氣地拖著行李把手，邊抱怨邊呻吟地繼續走下去。又過了十分鐘左右，我終於在森林盡頭見到一道光，似乎是落在我前方大約三百公尺的林間空地。為此我鬆了一口氣，一成不變的雨林景觀終於要改變了。我四肢和雙肩的痛楚突然像是被吹走一般，讓我一股勁地往前直行，不再去理會自己其實有多麼不舒服。

慢慢地，眼前畫面變得清晰明朗起來，我發現一根在陽光照射下閃耀的金色大柱子，另一邊也有一根一樣高的柱子，兩根柱子中間則是向上而去的階梯，通往一座建築物——我到了！

我在階梯最底端卸下行李箱，伸了個懶腰，開心望著這座位在森林裡的大寺廟，非常壯觀。眼前的畫面，讓我聯想到第一次參觀埃及金字塔的情景。

我仍然站在階梯前，等待著……一個徵兆也好，一些聲音也好，或是人，隨便什麼東西都好，但這裡一片寂靜，唯有雨林傳來的聲音打破了這份寧靜。

我看了看錶，快要六點。我大概走了四十五分鐘才穿越這片雨林。

再看一下手機：還是「網路搜尋中」。只能抱著希望，或許廟裡面會有好一點的訊號，或是穩定一點的無線網路之類的，於是我扛起行李開始爬階梯。

在登上一層樓高度之後，我看到寺廟的屋頂，大概有三十公尺高，是深紅色的，中間尖端的位置還有許多裝飾。到達最上層後，眼前出現了一個大型入口，地上鋪的是樸素的深色石板，而在進入寺廟的入口上方立著一尊佛像，威嚴地俯視進來的人。不過，怎麼都看不到門？實在想不透，這裡連入口處都是開放的，那我的行李箱要鎖在哪裡？我向寺廟內部探視，裡面很暗，看來不是所有的窗戶都關上，就是窗簾全都拉上了。我小心翼翼地一步踏進廟裡，發現最裡面有一尊巨型的金色佛像，大約二十公尺高，直達天花板頂端。在佛像前的地板上則放著好幾個紅色的坐墊。這裡也沒有人在，安靜得令人感覺有點陰森。

我慢慢走進寺廟，寂靜中唯一的聲音是我的行李箱滾輪的聲音，和在森林地面上不同的是，它們現在可以平穩輕鬆地向前滾動。我想找個接待處還是報到處之類的，但什麼也沒有找到。我站在原地不動，眼角餘光發現後面角落裡有些動靜，一個人慢慢地向我走來：一身橘色長袍，還有一條紅色窄短披巾，從腋下一直延伸到背後，再從前方腰部上方繞出來。

這一定是個僧侶，我希望他可以幫我的忙。我心裡想著，同時不得不試想這位僧侶看到的畫面：一位身穿名牌西裝的中年男子，滿頭大汗加上因為長途跋涉而疲憊不堪的模樣，他帶著三個裝得滿滿的豪華行李箱，站在一座佛教寺廟大廳的正中央。這就是我和「我的僧侶」第一次的邂逅。

第5章

他慢慢地、謹慎地緩步走向我，眼光直直注視著我。我的目光則落在他那藍灰色的雙眼上，那雙眼睛散發出一種巨大的寧靜。他看起來大概四十幾歲，身形雖然偏瘦，但我不知為何感受到一股威嚴且強大的氣勢，儘管他身高大約才一百七十公分。他的雙手藏在袈裟內，我看不到。沒有穿鞋的他，幾乎是無聲無息地走向我。

從他的臉上我看不到一絲情緒，奇怪的是，我卻能在感受到不自在的同時，又有種安心和被照顧的感受；那是一種很強烈被制伏的感覺。我站在這座黑暗的寺廟大廳正中央，遇見了在接下來的時間內，將會陪伴我、指導我的僧侶。

直到我前方約兩公尺的地方，他停下腳步，並沒有表現出像一般機構，會以握手或鞠躬行以傳統的「威」來接待問候我，我有種迫切的感覺，很想要對他說些什麼。

「您好，我是安德烈．伯格，我要在寺廟裡待上三個星期，我來對地方了嗎？」我輕聲小心翼翼地問道。顯然我對他的樣貌及態度感到敬畏，因為我已經很久沒有這種感受，而且是如此地強烈。

「誰知道呢？」他回道。

我聽了一臉錯愕，一方面是他竟然跟我講同樣的語言，另一方面，我對他的回答並不是很滿意。不論是我這身名貴的西裝，還是我帶來的三個行李箱，他竟然沒有做出任何評價。

「請。」他只是友善地說，腳跟一轉便調頭離開，不再多說一個字，也沒有任何手勢示意我要跟他走。

我跟著他穿過廟宇入口區域，去到後面右側的角落。我很難跟他保持一樣慢的步伐。接下來的大廳只有一個沒門的通道與前一個大廳相連。那裡非常黑暗，右側的四扇窗戶被厚重的窗簾遮住。窗前放著一張沒有靠背的木椅，看得出來年代已久。牆對面掛著旗幟：有泰國國旗，旁邊是德國國旗，再旁邊是一面黃色的旗幟，中間有一個輪子。

這位僧侶很緩慢地走到一間大約有四十平方米的廳堂盡頭，然後在一扇門前停下腳步，說：「這是您的房間，我等下再過來。」然後又慢慢地穿過走道，前往寺廟的另一個區域。

打開我房間的門走進去，房內左邊有一張白色床墊，頂多只有五公分厚；一條棕色羊毛毯整齊疊放在上面。床尾放著一個沒有半點摺痕、很小的枕頭。房間的正中央有張小木桌和一把椅子，這讓我想起學生時代。右方牆角地上有塊摺疊好的布巾，在布上方，快要到天花板的牆上釘了個架子，架子上擺著幾尊金黃色的佛像。

這裡怎麼住人啊？我心想，不知該怎麼形容眼前的景象。我很累了，真的很疲倦，但這房間看來就像很廉價的青年旅館。而且我現在好餓，好想上廁所。

我把行李箱放在唯一空著的角落，然後轉身面向桌子。那上面放了件白色長袍，除了顏色以外，和剛剛那位僧侶所穿的袈裟是相同式樣。為了看清楚點，我把它拿起來，卻發現下方還有兩件袍子，也一樣都是白色的。

為什麼是白色的？我邊想著，邊將長袍放回原處。地上有雙看來非常破舊、且已經開口的涼鞋。我打開木桌的抽屜，裡面是空的。這裡難道沒有鎖？我很納悶，開始擔心起自己的財物。我打算先把行李箱留在房間，再走回到大廳去，希望可以找到人問有沒有食物可吃。

然而正當我把身後的門關上時，一位穿著白色長袍的年輕人出現在我面前，對我微笑著。「太好了，謝天謝地，你可以幫幫我嗎？這個門我沒辦法鎖上，還有我不知道這裡幾點供應晚餐。」我問他，假設他也聽得懂我的語言。

他將食指放在嘴前，揚起眉示意我要輕聲說話，然後用頭點了點，指向我房間的大門。我明白了他的意思，立刻打開房門，和他一起走進房間。

「這裡比較好說話。在這裡，我們應該要隨時保持安靜，僧侶們不喜歡別人大聲喧譁。你好，我是朱利安。」他友善地向我問候，做了個「威」的手勢。「你應該要先穿上你的袈裟，然後我稍微帶你參觀一下這裡。你以前來過嗎？」依然是輕聲細語地問道。

「沒來過，這是第一次。」我回答，同時把西裝外套脫下，四處張望，想找個衣架還是掛勾之類的東西，好把它掛上。

朱利安低聲笑了起來，「這裡沒有那種東西，就放在你的行李箱上吧。」他輕輕揮了揮手不經意地說。

朋友，你沒有一套五千歐元的西裝，當然可以說得輕鬆容易，我想著。但此時實在太疲倦了，根本沒力氣反駁他，只能小心翼翼地把外套放在行李箱上。

朱利安幫我把三件式的袈裟穿上，一層是內袍、一件是上衣和外袍，我低頭看著自己，感覺很奇特。不過現在的我肚子餓到只想吃飯，然後在上床睡覺前，再查看看公司今天狀況如何。我順手從西裝褲口袋裡拿出手機——還是一樣，找不到網路訊號！

朱利安感覺到我的情緒有些波動，他說：「這裡沒有網路訊號，我們在森林裡。你得要去咖啡館，從這裡走過去差不多七公里。」他的手指朝一個方向指去。

我心裡一股怒火就要升騰起來，但突然又平息下去，因為門前的動靜轉移了我的注意力，覺得似乎有人站在門外。我小心翼翼地走過去，打開門，是剛才迎接我的那位僧侶。他帶著審視的眼光看了我一眼，點點頭，便轉過身，又緩步地穿過走廊，移動到下一個房間。

朱利安輕輕碰了一下我的肩膀，示意跟著他走。我小聲地問道：「這裡的廁所在哪裡？」

他看著我說：「跟著我，帶你去。」

我們走出寺廟，來到一個廣闊的花園，這裡遍佈著數不清的棕櫚樹、草坪、無數的綠色植物和許多長椅。在一個小小的青色草丘上，聳立著一面巨大的銅鑼，至少有兩公尺高，它被裝飾得非常漂亮，鑲嵌著許多鮮花和金色飾品。

大約又走了五十公尺之後，我們在一間小木屋前停了下來，朱利安以眼神示意我進去。

這所謂的「廁所」，實際上就只是地上的一個洞，甚至連個凸起的台階都沒有，要上廁所就只能直接蹲下。

我太震驚了，但同時又迫切需要解決。我四處找衛生紙，竟然什麼也沒有，只有一個裝滿水的大盆子和一個小水勺。我試想著種種情況和方法，要怎麼用它們解決問題：從用小勺子舀水到乾脆整個人進水盆浸泡，我想盡了各種清洗的方式，卻沒有一個讓我滿意。

真希望這裡有個管理員，能馬上幫我送衛生紙來。想著的同時，我鬆了一口氣，還好，我現在只是要小便。

朱利安站在門外等著，一定是看到我出來時絕望和厭惡的表情，於是笑著說：「你會習慣的。」

我們回到寺廟，一直走到一間更寬闊的大廳堂；這一間比接待大廳更宏偉、更富麗堂皇。不只是天花板，連牆壁上也佈滿精緻細膩的高級金色畫作：花卉、大象和許多不同樣式的佛像，妝點著這個大空間。大廳中央立了一座佛像，看祂的頭似乎快頂到天花板了。佛像面前整齊擺放著一些坐墊，就跟接待大廳的擺法一樣。另外大約有十來張椅子，以半圓形圍繞著坐墊，全都面對著佛像。

這樣的排場規模讓我印象深刻。在佛像前的第一排位置，有五位僧侶盤腿並排坐著。因為我們從後方進入這間大堂，所以他們的臉我無法看清楚。他們一動也不動，極為安靜地坐在那裡，那位一開始接待我的僧侶坐在正中間，這位置比其他人略高一些。看來他是領導住持。這讓我想起凱薩大帝坐在寶座上的情景，不由得莞爾一笑。

當時我甚至沒意識到，自己已經好久沒想到要和公司聯絡——在寫下這個故事的此刻，我才意識到那時候剛面對新環境的自己，心裡有多麼緊張和焦慮。

朱利安朝坐墊那裡點一下頭，示意我跪下，而在同時間他也向前屈膝跪下，然後屁股坐在腳後跟上。我學著他的動作，立刻感受到膝蓋傳來的刺痛。朱利安看到狀況，咧嘴笑了一下，輕輕地上下擺動他的手，示意我應該要慢慢來。我隨即把雙腿向前伸出去，這下可舒服多了。不過朱利卻靜靜地搖了搖頭，表示我做錯了，他在我耳邊輕聲說：「腳不可以對著佛祖。」

意識到自己的無知，我又尷尬又慚愧，趕緊改為盤腿坐著，這姿勢還勉強做得來。此時，朱利安將雙手合掌擺於胸前。

我不知道該如何做，便跟著他有樣學樣。不過，僧侶們不是這姿勢，他們將手放在袈裟袍子下、膝蓋的地方。就這樣，我們大概坐了二十分鐘，沒有說半句話，也沒有做任何動作。

「世尊即是，阿羅漢，正等正覺……」僧侶們的領袖突然吟詠起祈禱文，所有其他六位僧侶和朱利安，都將合十的雙手置放於額頭上，一起加入誦經的行列。我不知道經文的內容，只能模仿他們的動作。

又過了漫長的二十分鐘後，他們停下來，站起身，向巨大的佛像做最後一次彎腰鞠躬後，便直視著佛像，緩步後退，直到離開了大廳。朱利安和我也跟著做一樣的動作離開。

第一天結束時，我心裡充滿了新的感受和許多不確定性，這天晚上我很快就睡著了。

第6章

在寺廟的第一個早上，一陣巨大的鐘響把我叫醒，我立刻在床上坐直，一邊慢慢起身一邊想著，我竟然沒有調鬧鐘！

雙腳踏在冰涼的石板上非常舒服，透過關閉的窗戶，依然可以感受到赤道附近太陽強烈的威力。從桌上拿起手機時，發現已經沒電了，我趕緊把插上充電器，心思又飛到了公司。這裡有電源插座，卻沒有馬桶。我不解地想著這一點。我今天一定得打個電話回公司，我對自己說。隨即另一個感覺超越了這些想法——飢餓。意識到這點，我立刻穿上白色長袍和涼鞋，往前廳走去。半個人影都沒有。我沿著通道，一直走到有著佛像且昏暗的接待大廳，在一個類似公告欄屏風的另一邊，我看到了朱利安。

「早安。」我輕聲問候他。

「你好，安德烈。你的第一個夜晚如何啊？」他親切地問我。

我笑了，感到自己精力充沛，得到充分的休息。「在哪裡吃早餐？」話才剛說出口，我的肚子就發出咕嚕咕嚕的聲音。朱利安注意到了，笑了笑，向我指了個方向。我們一路穿越過接待大廳，往最裡面的角落走去，再穿過另一條沒有門的走道，不過接下來出現眼前的，並不是自助餐的擺式，而是在一張木製長桌上，等距放著一個個帶蓋子的碗。這些碗閃耀著金色的光芒，不過看來應該是鐵製的碗。

「平達巴。」朱利安指著碗說。

「什麼東西？」我驚訝地問。

「平達巴就是晨禱後的佈施。僧侶和我們這些作為新弟子的初級僧人，只能食用附近鄰里居民捐贈給我們的食物。這些佈施缽就是用來盛放他們捐贈食物的容器。」

哪來的附近鄰里居民啊？我問自己，才想起這四周被茂密的雨林圍繞著。不過我還是回了一句：「理解。」但實在太餓了，以至於腦袋無法好好思考，所以我又說：「那我就直接去那間咖啡館好了，和我公司聯絡一下，好查看情況。」想到等下有機會出去走走，我不由得開心了起來。

「我覺得可能不太好，安德烈。我們這裡每天有嚴格的安排計畫，另外我還想要給你看個東西，是我今天早上發現的。」朱利安說。他用手輕輕拍了拍我的肩膀，帶我走回接待大廳。

雖然跟在他後面，但此時我只想逃跑，離開，再次搭上那台快要解體的破巴士，直奔機場搭機回家。

我得想個辦法打電話回公司，或至少傳個簡訊之類的。還有，郵件我也都還沒回覆。如果他們需要我做決定該怎麼辦？我情緒翻來覆去，但心裡的激動不安卻沒在朱利安面前顯示出來。

他在我之前遇到他的那面牆邊停了下來，「安德烈，你看一下。」

他輕聲說，用手指指著一塊大黑板，那上面用白色粉筆寫著：安德烈．伯格——喇嘛。

我一頭霧水，完全搞不懂眼前的情況，「朱利安，這有什麼意思？」「喇嘛是藏語，是『大師』或是『高僧』的意思。昨晚坐在最中間位置的僧人，就是我們的喇嘛。」

我仍然不明白。「這又代表什麼？」我有點惱火，因為這裡所有的人似乎都明白這件事，只有我還不知道。

「你知道『達賴喇嘛』吧？安德烈，你看一下，我的旁邊寫著什麼：『朱利安．布呂根——新進僧侶詹斯』，再看一下過去這三個月，所有來到這間寺廟的其他初學者。」

我把大黑板從頭到尾看了一遍，「所有的人都會被指定一位新進的僧侶作為領路人，而我們兩個是目前這裡唯二的初學者。」我很訝異地發現，「為什麼只有我是這間寺廟最高領導人來帶領？這是誰決定的？」我問朱利安。一定是琳達特別預定的獨家專屬套餐，我苦笑想著。

「這是喇嘛在第一次會面時決定的。」朱利安恭敬地解釋道。

我腦袋飛快地轉著許多想法。為什麼是我？發現我看起來很有錢，藉此希望我能慷慨解囊大方捐贈？還是在經歷漫長艱辛的巴士和可怕的雨林徒步之行後，我看起來很可悲可憫？突然之間我竟然好多了，有種某個程度上受到重視和被尊重的感覺。

就在此時，一陣巨大的鐘聲突然響起，與叫醒我的鐘聲相似。朱利安指向昨晚我們做晚禱的房間方向。

我們慢慢地走進那個房間，一方面感覺這裡清爽宜人，另一方面卻也感受得到潮濕的空氣，從佛像後方那敞開巨大的入口湧進。我笨手笨腳地往昨晚的坐墊坐下去。這裡除了我和朱利安之外沒有其他人在場。那座巨大的金色佛像氣勢非凡令人敬畏。祂的雙眼微微睜開著，目光專注盯著地面上，雙腿交叉盤腿而坐，兩隻腳掌放在兩邊大腿上方。佛像的左手平放在腿上，手掌朝上；右手則是伸直向前，放在右腿膝蓋上方。佛像頭上戴著有尖頂的帽子。

我很吃力費勁地試著盤腿坐著，感覺到大腿內側疼痛難耐。就在這時候，僧侶們走了進來，他們緩慢謹慎地排成一列，雙手皆藏放在袈裟下。他們沒有和我們打招呼，而是直接坐下來，在佛像前第一排的毯子上，然後雙手手掌朝向天空的方向，交疊放在腿上。

晨禱大約進行了三十分鐘吧。我只能猜測，因為勞力士手錶留在房間，用一雙襪子包著，藏在我的鞋裡。

在晨禱結束的時候，朱利安又開始另一個儀式，那是我昨晚已經學習到的。雙手合十抬舉到額頭前，同時間頭向下低。我跟著學做他的動作，並且觀察到，那些僧侶並沒有做一樣的手勢動作。

又過了三十分鐘左右，我們再度站起身來，並小心翼翼地不要將腳對著佛像。僧侶們退離開到另一邊的廳堂去了。朱利安對我說道：「安德烈，今天是我在這裡的最後一天，下午我就要離開了。」一聽到這句話，我感到很茫然也很失望，或許還有些許傷心。雖然我們才認識一天，但是朱利安已經是我的嚮導，他對我解釋了一切，還一一回答了我的疑惑。我試著想找些話來表達心裡的感受，卻被返回廳內的僧侶們打斷了。

我看到他們身穿長袍，手裡捧著的金碗，就跟我先前看到擺放在長木桌上的一樣。這些僧侶以大約離我們一公尺遠的距離，經過我和朱利安的身邊。他立刻低下頭，直到他們離開。我也學著他的動作。一會兒後，我對他挑起眉毛，疑惑地抬頭看著他，聳了聳肩。「我們得要向他們表達尊敬之意，這點你以後會學到。」朱利安回答我，然後急忙拉著我，往擺放佈施缽的房間走去。

他拿了一個缽放在長袍下，雙手從裡面緊緊地捧著這個碗。我也照著他的動作，沒再提出任何疑問，因為我餓壞了，完全無力去追問這些動作背後的意義。我們穿越接待大廳，經過那個寫有喇嘛作為我的導師的黑板，便走到了室外。

太陽炙熱燃燒著，感覺就像是緊靠在營火旁。我瞇起了眼睛，看到這些出家人站在階梯最下方。

我們走下層層台階，從罩袍內緊緊地捧著碗。幸好階梯下方有茂密的樹葉遮住，我們才能躲過烈陽的酷晒。喇嘛站在我們的前面，其他僧侶則在更前方幾公尺處。我們面前的一條小徑，正是我前一天來時找到寺廟的路。這情況令我完全不知所措，我感到一份謙卑，以及對喇嘛至高無比的尊敬。然而，這份感覺對我而言是全然陌生的。我的人生一直以來都是站在最高處的那個人，是受到他人欽佩並且發號施令的那個人。

喇嘛開始向前移動步伐，其他僧侶同步開始走，朱利安和我也隨之跟上。我注意到喇嘛沒有穿鞋，他就這樣赤腳走在這條滿是碎石崎嶇的路、穿越雨林間的小徑。

穿著罩袍、涼鞋，手捧著佈施缽，這麼沉默地走了好一會兒，朱利安輕輕用手肘頂了我一下，下巴朝喇嘛的方向伸了一下。

「什麼？」我悄聲地問。

「安德烈，你可以和他說話。」他說。

我不太確定是否可以相信他的話。那個喇嘛看起來高深莫測，但他又偏偏會說我的語言，而且依照黑板所示，我被指定由他來引導。

跟著他後面又走了一會兒，我決定上前和他攀談，於是加快腳步跟上，好與他開啟對話。不過，就在我距離他不到一公尺，正猶豫要和他說什麼時，他先開口了：

「你好，安德烈。你今天好嗎？」

「謝謝，還不錯。只差不能用手機，我很想打電話回公司。我睡得很好，只是非常地餓。」我一口氣說出了所有的想法。

「你的公司會運作得很好，要有信心。」他回答，那聲音充滿令人安心的鎮靜，但我也同時感受到他的威嚴。

因為不知道該回答什麼，我便轉移了話題，好繼續和他對談。「您不穿鞋走路，難道不會痛嗎？」我小心翼翼地問道，不過對自己這種表現很陌生，畢竟我不習慣對他人如此尊敬和敬畏。

「痛是不可避免的。但承受是自願的。」他笑道。這回答也太妙了吧，我心裡有些嘲諷地想著。如果待在這裡的所有時間，他都要跟我打這種謎語，還有講一堆比喻或寓言，我一定馬上走人。我是那種喜歡說話直接、清楚、準確的人，這輩子一直如此。

這時候，我們走到一條我認識的小路，然後彎進一條更窄的小徑，對越來越不平坦的地面，我也越來越吃力地抵抗著。我把視線緊盯在前方可能遇到的障礙物上，努力避開荊棘和尖銳的石子。

「抬起頭，安德烈。看著前方地平線，而不是地面。」喇嘛觀察到我舉步維艱的模樣，對我說道。

「可那樣的話，我會踩到尖銳的石子，或被荊棘絆倒。」我有點惱怒，口氣中滿滿的挑戰意味，表達出我的不解，以及對他的質疑。

「恰恰相反。往前看便是。」他說。

我勉為其難地接受他這不明智且沒有具體解釋的建議，把目光從地面上移開，試著直視前方。走在我們前面的那些僧侶，也是將目光看向前方，在我身後的朱利安，則是吃力地讓視線在地面和地平線之間輪流交替著。我實在無法全神貫注地凝視前方，儘管腳上有涼鞋，仍然很害怕被刺傷或踩到什麼東西。

「我們要走多久？」我再度和喇嘛開啟話題。朱利安和我提過，我們要徒步到山腳下的村莊，向人乞討食物。

「直到我們到達那裡。」他平淡簡單地回答。但對我來說，又是一個沒有意義的答案。他接著說：「安德烈，我們不乞討，村莊的人向我們捐贈食物，是為了求得福報。好好享受這段路程吧。用膳完畢後我們再聊。」

我默默地聽從，跟隨他的指示。

往下走去山谷的路上，我感到特別吃力辛苦。每一次舉步踏下時，我都不得不特意將小腿肚的肌肉收緊，才不至於讓腳從過大的涼鞋裡滑出去。

烈陽和隨之而來的炙熱，在這個時候已經特別強烈明顯。我們離開茂密的雨林，來到一條狹窄的馬路上，沒有看到任何人，沒有人、沒有動物、沒有車，柏油瀝青路面反射出熱氣，我已經汗流浹背、滿頭大汗。我們又沿著空蕩蕩的街道走了好一段路，最後終於到達一個村莊。我看見朱利安提過的那間咖啡館，在那裡應該會有訊號，我可以打電話回公司。但在疲倦和飢餓之下，我對這件事沒有更多的想法。

一些孩子在路上玩耍嬉戲，當看到我們來到時，他們全都開心地轉身跑回自己的家。不到一會兒，大約二十多個大人紛紛拿著碗和勺子來到街上，彷彿是有人敲響了警報一般，整條街頓時擠滿了人群。僧侶們、朱利安和我，走向第一排的第一位婦女，我思考著該如何應對，最後決定就學著前面一位僧侶的動作。

排在第一位的僧侶將金色的佈施缽從袈裟下取出，打開蓋子，站立在那位婦女前方，她笑顏以待，用勺子取了兩大勺米飯到他的金碗裡，之後彎了身鞠躬、合掌做了個「威」禮。那個僧侶沒有做出任何回應，沒有道謝、沒有做出「威」禮、沒有笑容、沒有任何手勢，其他每位僧侶也都如此。

輪到我時，那位女人也非常友善地放了兩大勺飯到我的缽裡，飯香撲鼻而來，顯然是她剛剛才煮好的飯。她也禮貌地向我彎腰，還特別注意不要觸碰到我。這一點我在來此地旅行之前有讀到過：僧侶不得碰觸到女性。所有來到路上的人都重複做一樣的程序和動作。我們得到很多白飯，還有一些小黃瓜，和一些我不認識的蔬菜、水果，包括一個皮上長著軟刺的水果。「這是紅毛丹。」朱利安笑著指出這個長相奇特的水果，「在德國你可找不到這麼好吃的東西呢。」

大概三十分鐘後我們啟程回去。回程路上仍是空無一人，太陽此時掛得更高了，展現出更強大的威力，因此現在穿越雨林的小路，我覺得簡直就是份大禮，茂密的樹冠替我們擋住太陽熱力的侵襲，稍稍減緩了熱度。

回到寺廟後，感覺得到我的雙腿因為疲倦而發燙。這讓我想起醫生曾經叮囑過，你一定要多做點運動。不禁暗自竊笑起來。他說的是對的。我一邊自言自語，一邊思考他的話，然後看著這些僧侶，沒有一個人的臉上顯露出一絲辛苦疲倦。

我們大家屈膝跪在一張只有三十公分高的木桌前，一起用餐。桌上有白飯、蔬菜、茶水。因為辛苦勞累了一上午，我沒有胃口，吃得不多，相較之下比其他人吃得還少。朱利安發現我一下子就吃完了，用胳膊輕輕推我一下。「多吃點吧，安德烈。過午之後我們就不能再進食了，一直要到隔天一早。」他低聲解釋道。

「真的嗎？」我驚訝地回問道，不可思議地望著他。他只是點了點頭，笑說，「過一陣子你就會習慣了。」

我趕緊壓下了飽足感，又多吃了一點白飯和蔬菜。

用膳完畢之後，大家一起洗碗、擦桌子、掃地、整理飯廳，接著打掃接待大廳，以及那間有巨大佛像的廳堂，然後是自己的房間。我們在打掃整間寺廟和露台時，我忍不住思索，上次自己親手打掃是什麼時候的事了？肯定是超級久以前，我不禁地想起了瑪爾塔，以及她為我在家所做的一切打掃工作。

這一天剩下的時間，都是在祈禱和冥想打坐中度過，這對我來說真的很困難，因為我腦袋裡有太多念頭、想法，太多事情在轉，因此很難放鬆下來。

下午我們大家一起到寬敞的花園裡工作，整理照顧那些灌木叢和樹木。對這些工作我一點也不介意，只是有點吃驚，自己在這個時間點竟然完全沒有想要打回公司、查看郵件，甚至是審閱查核公司收支和財務報表之類的事。這一天過得飛快，心裡是滿滿的全新感受和體驗。

接近傍晚的時候，朱利安帶著一只行李箱、穿著平日的衣物在接待大廳中，合掌彎腰地一一向僧侶們道別。他們還是一如往常文風不動。只有喇嘛，嘴角含笑地說道：「再會，朱利安。明年見。」

我思考著，他是否因為他的頭銜而擁有某種特殊的身分地位，因為他的行為舉止不像是普通的僧人，至少不像我以往在紀錄片裡看到的那種模樣。他看起來像是進化2.0版本的僧侶。

朱利安走向我，擁抱我，說：「今年我在這裡的時間結束了，今天就要飛回去了。我依然還記得自己第一次來到這裡的情景，好幾年前我初次站在這間大廳，對所有的一切感到全然陌生且新鮮。我想給你一個建議，讓自己參與進來，接受一切對你有益的事物，不要想太多家裡那邊的事，那裡一切都很好，你只需要相信便是。」

我笑著感謝他花費了時間幫助我，「謝謝你，謝謝你帶我參觀介紹這裡的一切，朱利安，我現在比較有信心了。」

「安德烈，」他說，停了一會兒，把手放在我的肩膀上，「我向你介紹展示的只是其中一小部分，還有很多在等待你去發現。你現在其實什麼都還不清楚，就像我當初來這裡時一樣。相信我，一切都會很棒。」他接著說道，然後讚許般的朝我點點頭，轉身走了出去。

就這樣，我獨自待在泰國雨林中的一間寺廟中，一個人和這些僧侶獨處。也就是從這一時刻開始，喇嘛接納了我，而接下來他教導我、指引我的一切——我稱之為「功課」——是我銘記在心，永遠不會忘記的。

第7章

在這一刻，我已經獨自一個人待在泰國雨林深處的一座寺廟，和僧侶們一起生活了三天。這幾天一成不變，都是相同的行程。清晨五點鐘，晨鐘準時從花園傳來巨響，不過這天我比鐘還早起，醒來時勞力士指著四點四十三分。晨禱早課過後，緊接著就是佈施，我們步行到山腳下村莊化緣。如同過去幾天，早餐一樣清淡、簡單，米飯配蔬菜和水果當餐後甜點，還有足夠的茶水。肉類從來沒在碗裡出現過。共進早餐之後，我們會徹底打掃寺廟內外，隨後的冥想我雖然也都有參與，但從未真正靜下心來。過午十二點，就沒再用膳了，之後唯一攝取的營養只限於水和茶。光是到了第三天，我就清楚感覺到自己的體重減輕了，可能只是少了水分吧，我想。在此之前我已經試過無數種減肥節食方法，結果總是一樣，甚至產生反彈效應，比減重前更重。

直到傍晚我們都會打坐冥想，接著是晚禱，之後便就寢睡覺。

現在回想起來，當初喇嘛是特意讓我先單獨安靜幾天，好讓我體驗僧侶的生活方式，對這裡的作息能更清楚了解，而這些體驗，就在這一天結束了。

那時是午後，當我獨自一人到花園裡，坐在枝葉茂盛的棕櫚樹下一張石頭長椅上，傾聽雨林的聲音時，喇嘛慢慢地向我走來，在我身邊坐下。我立刻坐好挺直身子，盡力擺出恭敬的態度。我從來沒看過自己這種樣子，因為在這一天之前，我才是那個一直受他人尊敬和畏懼的人。

「放輕鬆。」喇嘛笑了，將手放在我的肩上。然後問：「你有什麼問題想問我？」

「問題？」我懷疑地回問他。

說。

「是的，問我問題，我看得出來你有一些疑問。」他以平和的聲音

於是我開始述說：「您知道嗎，我問我自己，為什麼我的助理會為我挑選這個地方？我從來沒有去過一個像這樣的地方，而且她也很明白我需要看管照料我的公司，但自從來到這裡之後，我一次電話也沒打回去，沒有查看過郵件，更不用說去查我的手機了。我是公司的老闆和領導人，我必須盡責關心管理我的公司才對。那是我的工作。這讓我很擔心。」

「安德烈，你對你的員工沒有信心嗎？」他問我。

「嗯，有是有，」我承認，「但我還是應該要控制監督，這是我的責任。」

「那你有什麼感覺想法？你的公司營運得好嗎？」他繼續問。

「好吧，我想是好的。但我還是不確定，我從來沒有這麼久失聯過。」我說著，看了看我的錶。

「那什麼是你能確定的呢？安德烈，對你來說成功是什麼？」喇嘛將身子轉向了我，問道。

這跟那有什麼關係？這是什麼問題？我想著。「對我來說，成功就是能賺很多錢、擁有漂亮的房子，只要我想要的，什麼都能付得起。」

喇嘛不發一語看著我。過了好一會兒他才說：「你知道嗎安德烈，我想先對你說說關於我的故事。我在蘇叻他尼這裡出生的，三歲的時候我母親帶我搬到德國去，我上德國的小學，高中畢業後計畫攻讀法律，為什麼呢？因為當律師可以賺很多錢，對吧？不過我的母親總是告訴我，我有絕對的自由選擇自己想要做什麼就做什麼的權利，她開給我唯一的條件就是，我要當一年出家人，好好去了解我的根、我的文化和我的世界觀。我答應了她，於是我在德國的一間佛寺住了一年。在那裡有很多來自泰國和西藏的僧侶，大多是來了幾週便離開了。

「那是一段來來往往的日子。一年之後我進了大學，研讀法律，順利畢業後我當上了律師。我處理過許多名人、大人物的案件，在多數人的眼中，我可能是非常成功的。後來我開了更多間律師事務所，並聘用更多的律師。在這迅速擴張的幾年中，某一個六月陽光燦爛的星期三——這一天我永遠忘不了。那天來了個求職面試的人，我們像平常一樣進行制式的求職面談，這個你在公司一定也常遇到。

「最後我問他有沒有其他問題，他很肯定地回答說有，然後這樣問我：『你為什麼要當律師？』我回答他說因為我想賺大錢，我想要成功，他睜大眼睛看著我，接著不發一語默默地離開了。我當場很傻眼，十分困惑錯愕，隔天我打電話給他，問他前一天為什麼有這樣的反應，那讓我一整天都不安寧。他說他不想為我工作，因為我一點也不懂自己在做什麼，賺錢和成功是兩件完全不一樣的事，更不是生命的真諦。他斥責我說，我看不見工作背後的意義，腦袋裡一心只想賺錢，這最後必然會導致失敗。

「我當下不懂，但察覺到他的話觸動了我。後來有一次我接了個大案子，客戶是商業界非常知名的人。我雖然知道他有罪，但是依據德國的司法制度，我必須盡我所能為他做最好的辯護。最後我們贏得了勝利，他被無罪釋放。事後他走過來對我說：『你看吧，金錢比真相更有力量，世界上任何人都可以被錢收買的。』隔天我去見檢察官，他唸著起訴書，並透露我的當事人很有可能賄賂了證人，只是他沒有證據。我感到非常憤怒，這並不符合我心中的司法正義。這時我想起母親曾經說過的話：『不需要對別人生氣，因為不管你願不願意，因果自會有業報降臨。』

「也就是從這個時候開始，我對自己提出許多問題，像是『我真的想要什麼？』以及『我到底為什麼來到這個世界上？』這只是其中兩個問題。我上圖書館讀遍了所有我認為會給我答案的書籍，像達文西、愛因斯坦、萊茵霍爾德．梅斯納爾[5]的故事，我得到許多出乎意料的答案。不過問題在於，雖然我已經明白理解，但我只是『讀』而已。多年以後，在曼谷的一座寺廟我遇到的第一位喇嘛，向我提及佛陀的一句話，我希望你也將這句話放在心上，『知而不行，猶如不知』。之後有一天我便決定，告別我那所謂成功的律師生涯，回到我的家鄉。

「我賣掉了律師事務所，以及所有財產，在曼谷多間不同的寺廟裡住了許多年，直到我回到這裡，回到我的出生地。我是個佛教徒，我是個僧侶，同時間我卻也學習了解到，並沒有一條路是適合天下所有人的，沒有一帖良方適用所有生活。對其他思想、宗教和世界觀，我皆秉持開放的態度接受啟發。我們不會因為其他人有不同的信仰而對他進行批判，我也為自己對一些傳統的佛教觀點下了不同的註解，

5 萊茵霍爾德．梅斯納爾（Reinhold Messner, 1944-），義大利人，被譽為世界上最偉大的運動登山冒險家，是世界上首位不攜帶氧氣瓶而成功攀登聖母峰的登山家，更是第一位成功登頂完成世界十四座所有高逾八千公尺高峰的人。

重新定義。安德烈，你現在獨身一人，你為公司而活，這也沒有什麼不對，只是我希望在這段時間，能向你展示另一種觀點，你自己可以決定要如何面對，以及從中得到什麼、怎麼做。」

喇嘛的這番話，有太多的信息了，我必須先好好消化整理一下。他身為一名僧侶，制訂了一些自己需要恪守的規矩。這讓我感到很困惑，我知道完全受戒的僧侶所需要遵守的規矩，就已經超過兩百多條。

他接著繼續說道：「安德烈，你的人生要達到哪一點時，你才會說現在你滿足了？」

這個問題我一直有答案，「當我的公司營業額持續不斷增加，當我的公司成為全球數一數二的大企業的時候。」

「你覺得那是何時呢？給我一個數字，你腦中一定已經有個數字了吧？」他說，以高度感興趣的眼神看著我。

我必須好好想一想，說實話，關於數字問題還真沒有人問過我。

最後我說：「嗯，等我擁有上億財產的時候吧。現在我只有幾千萬，這並不讓我感到特別，世界上有太多人跟我一樣有這麼多錢，我想，等我是億萬富翁時我才會滿足。」

喇嘛從長椅上站起身，示意跟他走。我們朝寺廟後門方向漫步而行，他時不時歇下腳步，只是一言不發地站著，凝視一朵花好幾分鐘。這朵花有什麼特別好看的？繼續走吧。我心想著，感受到這樣的停頓讓我緊張且倍感壓力。經過好幾次的中斷暫停之後，我們終於走進了寺廟，穿過我們做祈禱的大廳，到達一間我從沒進去過的小房間。喇嘛打開門，指了指房間裡面，示意我去看看。我看進去，發現這房間和我的房間很像，只是這張床沒有床墊。他打開右邊的一個小櫃子，然後問說：「看一下，你看到什麼？」

櫃子裡放著一個我們在佈施時用的缽，它旁邊放著一組針線。櫃子最底層架子上放著濾水器和一個帶有磨刀石的刮鬍刀。我向他描述我所看到的一切東西。他解釋說道：「這就是我所擁有的一切。你看到後，覺得我是什麼樣的人？不滿足的人？因為我沒有幾個億？」

我再次感受到他強烈的目光，不知道該說什麼，於是小心翼翼地說：「不是的，我想你沒有不滿足，對吧？」

他沒回答。我們走回大花園，再次坐在那長椅上。「安德烈，滿足，是一個決定，是你的決定。你不可以把這個決定權交到別人手上，或是依附於其他外在事物。那無關其他人，無關於財物，更無關於天氣。沒有人生來就是為了要讓你開心，讓你滿足。快樂只能由你自己決定，無論你是百萬富翁、億萬富翁，還是乞丐都沒有關係，關鍵在於你的態度。」

我感到不解。從來沒有人對我說過這些話。

「但是我幾乎可以負擔得起任何我想要的東西，這個已經讓我挺開心的。」我反駁。

喇嘛微微笑了笑，抬起頭看向藍天，說：「安德烈，你是千萬富翁，你還有什麼夢想？你想成為億萬富翁，如果你達到了之後呢？接著是什麼？」

對此我沒有答案。我的確不知道那之後接下來要如何，但是我想要先達到那目標。這一點我很確定。

「我們相信，無止境的渴望，就會有無止境的苦難，那只會讓人想要得到越來越多，但是當你得到的同時，又會感覺結果不如期待那般的美好。」

對於這番話，我實在難以理解。只能不解地看著他，回不出半句話。

他接著說：「想一想，安德烈。如果這樣已經能讓你很快樂，你根本不需要去在乎其他人。在佛教裡，忌妒是自生的痛苦，是你自己創造了這種痛苦的狀態。因為你並不只是單純地想要快樂，而是想要比其他人更快樂。你看其他戶頭裡有幾億的人，是什麼讓他比你更快樂的？你不知道，對吧？你有沒有問過那些人？我有，我曾經問過，我可以告訴你，他們離幸福快樂非常遠，安德烈，換句話說，財富從來都不是幸福滿足的原因。」

「這話怎麼說？」我問道，被他的話吸引住了。

「你從其他人身上看到什麼？他們透露出什麼訊息？他們討論著自己在生活中特別順遂的事情，在社交媒體上分享一頓豐盛的晚餐。但如果他們沒有東西吃，他們會拍下空盤子分享嗎？不會的，所以你不會知道。這是一種自我展示的方式，只顯示過濾出來最積極正面、美好的時刻，把我們生活中承受的所有的磨難都過濾掉。實際上你無從得知別人真正的想法，以及他們滿不滿足。你只看得到他們想讓你看到的，而那形象通常是經過誇大渲染的。」

我還是沉默以對。不過這個我明白，也覺得有道理。就在啟程出發的那天早上，我像以往的每個早上一樣又查看了帳戶，我知道自己很在意那些小數點前比我多些零的人，因為一跟他們比起來，我感到低人一等，覺得自卑。

他接著說：「在禪宗裡，我們說每枚硬幣都有兩面，如果這枚硬幣少了一面，便不成硬幣。意思是，你的成功自然也包含失敗——原則上你的成功也代表一種失敗，否則你不會擁有成功。」

千萬思緒湧入了我的腦中。我覺得他的話很難理解，但我突然想起前妻、我的女兒，還有隨著時間流逝而逐年變少的朋友。我看著他，問道：「所以失去家人也是我命運的一部分？」

「不，安德烈。」他回答並問道：「你所謂的命運是指什麼？」

「我想，命運像一張藍圖，一張上帝為生命繪製的總體計畫。」我解釋。

喇嘛看向我點點頭。「我們不相信有命運這件事，不相信你所說的那種意義的命運。會說是因果報應，在生前或生後發生在你身上的事，其實都是因與果的關聯。安德烈，你今天是一個富有的企業家，是你的行為也是你的不作為的結果。你的行為是犧牲奉獻自己，全心關注你的公司，結果就是你賺了很多錢，今天可以稱自己為有錢人。」

我安靜地看著他，對於他接下來要說的感到既緊張又期待。

喇嘛接下說：「而你的不作為的結果，就是沒有關心照顧好你的家人，忽視且不關心你的朋友，所以你今天孤獨一個人，沒有家人朋友，這些不是什麼至高無上的權力所決定的，也不是超自然的天意命運。這一切都是你自己的行動所導致的。」

我突然感到悲傷起來，是一種徹頭徹尾的失敗沮喪。真的一切都是我一個人的錯嗎？我想著。我思考了一會兒，然後問喇嘛：「如果一切都是我個人所作所為，我還可以改變一切嗎？我還可以做些什麼嗎？可以重新開始嗎？」

他看著我，回答說：「我們的因果是無法追溯既往改變的，它不會消失，會永遠存在。一切關鍵取決於在生命到盡頭時的平衡表，端視你做了多少善事，你有多少同理心、多少慈悲心，這個社會給了你多少而你又做了多少的回饋。好好仔細思考，為了你的下一個目標，你願意犧牲多少？你已體驗到在得到大量財富的另一面，為你的家庭帶來多大的痛苦。這值得嗎？這個答案只有你自己可以回答。從頭再來是不可能的了，你已經走在路上，你的所作所為和你的犧牲是無法抹去的，不過你當然還有機會，在接下來的每一刻思考，重新審視對你而言什麼是優先的。」喇嘛露出誠懇的微笑，接著說：「佛陀教導說：『為什麼大部分的人不自由，也永遠不會自由，原因就在於執念。』」

他看著我。看得出來，他並沒有期待我的回應。

我沉默了，眼淚在眼眶中打轉。從來沒有人對我說過這樣的話，根本也沒有人敢對我說。我是企業大老闆，沒有人敢批評指導我，他們對我的職位和成就感到欽佩。我想著，我究竟為了達成我的目標而放棄犧牲了多少？

我問他：「我真的在我過去的人生中做了這麼多錯誤，以至於我的家人都離開我？」

喇嘛看向藍色的天空，接著回答：「對於這個問題，我沒有答案。

業報不僅僅是由於此生的前因後果，也有可能源自於上輩子，成為你今生必須完成的新任務。這沒有人知道。不過如果你從現在開始，心懷善念，行慈悲之事，雖然可能今生不一定會出現善報，但是你將會感受到快樂和幸福。給予、分享和關懷的心和舉動，比世界上所有的財富更珍貴，更能帶來喜悅和滿足。這一點我可以向你保證。那些我曾經擁有過的，那些可懼的金錢，它讓我生病，一如它讓這個世界生病了一樣，每一天都一樣。」

我看著他，發現他是真的這麼想的。他的表情極為友善和溫暖。

我問他：「我該如何知道什麼是我的業，什麼又是我行為的後果呢？」

喇嘛回答：「所有一切都是你行為的因果，我們常常遇到一個情況，讓我們懷疑，我們不了解這事怎麼會發生的。科學家對大部分的事都能解釋，但也有一些事情是科學家無法解釋的。我們村裡有一個七歲的小男孩，很喜歡爬上棕櫚樹去摘椰子，去年他從三十公尺高的樹上摔下來，頭撞到地上，圍觀的人都嚇傻了，沒有人能料想到，他從這麼高的地方摔下來，竟然能倖存。科學家也無法解釋為什麼他沒有死，他活下來了。許多事情無法解釋，於是我們便對這些現象採取一種態度，以便向自己解釋。」

我看著他說：「他很幸運，好運是會發生的。」

喇嘛笑了，「對啊，這也是一種態度。你知道嗎，在隔壁村莊有一個老智者，如果你去找他，問他為什麼你會失去家人，他會給你答案的，他大概會說，兩百年前你的一個祖先造的這個業，正好輪到你來承擔面對。不管你相不相信，不管怎樣，人們都想將所有的事件歸類，才不至於發瘋。大多數的人通常只相信那些可以證明給他們看的東西，那些可以親眼看見的事物。但是，人類的視野是非常有限的。你看那裡。」他舉起手，指向不遠處的蓮花樹，那茂密樹葉下的陰影裡有隻小兔子在四處跳，尋找食物。

「這隻兔子有比人類擁有更寬廣的視野，牠的聽覺嗅覺都比我們更好、更敏銳。這也意味著我們會將這隻兔子所看到、解釋的一切，視為胡說八道、無稽之談，只因為我們看不到。因為我們被自己的感官所限制，同時又試著以此來理解並解釋這個世界上所有的一切。這是行不通的。你真的只相信所有你可以用眼睛看見的、可以用耳朵聽見的，或者聞到、嗅到的，才是真相嗎？」

我不得不嚥下一口口水，沒有辦法立刻回答。他說話的樣子如此溫和淡定、穩健，儘管不帶一絲表情和手勢動作，卻鏗鏘有力，更勝過於所有政客、娛樂明星和教練。我需要幾分鐘時間穩定自己的情緒，接著以顫抖的聲音說：「你可以指導我如何走向另一條路嗎？我想要學習一切、了解所有一切你知道的，然後我可以自己決定，到底這是不是對我有益。」

喇嘛笑了笑，示意我跟隨他走。在寬敞的露台上有張邊桌，上面擺著一個茶壺，和兩個放在竹編杯墊上的玻璃杯。「坐吧。」喇嘛抬起下巴示意我坐在地上，於是我盤腿直接坐在暖暖的地面，看他把玻璃杯放在我的大腿上，我懷疑地看著他，不太確定接下來會發生什麼事。

喇嘛在我身旁坐下，拿起茶壺開始將燒燙的茶水倒入我腿上的玻璃杯。當杯裡的水越來越多，超過半滿時，我向他點頭示意並說「謝謝」，試著讓他了解已經夠了。

但是，他卻繼續倒水，這下子水已經滿到邊緣了，可他仍然繼續倒，讓燒燙的熱茶溢出來流到我腿上，我感到疼痛，馬上跳了起來，翻倒了茶水。我真的很生氣，「杯子已經很滿了，為什麼你還要繼續不停地倒水？」我帶著痛苦扭曲的表情，試著用手將茶水從我的罩袍上拍去，卻於事無補。喇嘛仍然氣定神閒地坐在我旁邊，將茶壺放到一旁，看著我，平靜地說：「你想要學更多、了解更多，你想要體驗所有的一切，這就是結果——你已經是滿的了，你的腦袋裡裝滿了想法，充滿所有既定的成見，和你人生至今所有的經歷，你的腦袋就像這個玻璃茶杯一樣，已經滿過了杯緣，你還想再往裡面填什麼？」

「不管如何，我覺得你其實大可以直接跟我說，不需要用熱水來燙我吧。」我反駁他，仍然很惱火，便又說道：「所以你的意思是我學不了，那我究竟為什麼在這裡？」

「我認為這是一個很好的提醒，你覺得你會忘記這一刻嗎？」他笑著繼續說：「安德烈，每個人都能放下、捨棄事物，重要的是你要將既有的成見拋開，先清空這個杯子，之後我們便可以一起用嶄新的內容填滿它，最後你自己來決定，有哪些內容是你更加認同、更適合你。是我選擇了你，因為我看見你是誰、你的本質。你要其他人對你肅然起敬，對你致上特殊待遇，因為你是成功的企業家，你讓我想起多年前的自己。我想趁這三個星期你待在這裡的期間，帶著你理解我們是如何看待事物的。若要順利達到這一點，就必須先放下你的思維模式，並接納這些事情，無論你視其為好還是不好，那不重要，你只需要在現在這一刻接受它們，到最後再來決定該如何面對處理，你同意嗎？」

於是，我就這樣站在泰國的烈日下，穿著胯下被倒翻的熱茶水弄溼的褲子，調整自己，面對即將到來的一切——最後，我被他說服了，我回答他：「好吧。」

喇嘛贊同地點頭，站起身，示意我跟隨他。我們穿過寬敞的接待大廳，越過涼爽宜人的石板地，來到寺廟門口，室內外溫差非常大。當我們往下走下階梯時，我才想起我把涼鞋留在花園裡了。赤腳走在草地和涼爽的石板上非常舒服，但要穿越雨林走在那凹凸不平的小徑上，就是另外一回事了。「我先回去一下穿上我的涼鞋，很快就過來。」我對喇嘛說，轉身就要走回去。在這一刻我才想起來，我不知道他的名字。

「我可以問一下你叫什麼名字嗎？我一直都叫你喇嘛。」我問他。

喇嘛笑了笑回答說：「我叫納塔彭。還有，安德烈——」他再次叫住我，「你不需要涼鞋，跟著我。」他微笑說道，便繼續走下去。

我懷疑地看著眼前的地面，雖然是涼爽宜人，卻佈滿尖銳的石頭、小樹枝，以及從許多樹上掉落下來的果實。

不過，我還是赤腳跟在他後面，穿越雨林中的小徑。我盡最大的努力採取各種走路姿勢，試著保護腳底，但納塔彭卻從容不迫、完全不擔心森林的地面，並且目不轉睛地看著前方地平線。而我，卻明顯感覺到每顆石頭、每根尖銳的樹枝，然後發現自己的腳開始流血了。

「我需要休息一下！」我向走在前方大約十公尺遠的納塔彭喊道。不過他好像沒有聽到，或者是不想聽，只是堅決地繼續前行。

我咒罵著這條路面，走在這裡的辛苦真的難以形容，也因此我們兩人之間的距離不斷拉大。終於，納塔彭在遙遠的前方停了下來，我加快腳步追上他，才發現他所站立的位置，正是我初至此地所看到的那塊有兩個箭頭的指示路牌前。納塔彭看到我一拐一拐地走向他，臉上露出滿意的笑容。「這也是在給我上課嗎？我不應該大驚小怪，而該像你一樣光著腳、若無其事地走在這地面上？」我怒氣十足地問道，用手指向我流著血的雙腳。

「不是的，安德烈。」他笑著繼續說，「赤腳行走只是一個習慣或不習慣的問題。知道你為什麼走路會痛？腳為什麼會流血嗎？」

「我當然知道，因為這裡有爆多他媽的尖銳碎石樹枝！」我煩躁地對他吼道，對於扮演學生這樣的角色，很不自在。

「原因其實是在這裡，安德烈。」他說著，並且用食指輕輕敲幾下我的額頭。

「你一直想著那樣會很痛，那當然就會很痛。你想著要毫髮無傷赤腳地走過這路面是不可能的，那它就是不可能的。如果你這樣想，那就會成真。這就是思想的力量。但是關於這一點，等日後時機到了我會再跟你詳細解釋。現在我想給你看點其他的。」

納塔彭站在那塊指示兩個不同方向的木牌中間，頭微微抬起向後仰。「安德烈，當初站在這個分岔路口時，你是怎麼想的？」他問我。

我一想起那天的情況，又開始感到不滿和埋怨。「我當時考慮著該選擇哪條路走，最後決定走右邊那條，因為看起來比較容易，比較好走。」我說。

納塔彭回答道：「你要知道，不是所有真相和智慧都會被寫在某個地方。你有沒有試著去走左邊的路看看，去瞧瞧哪裡有什麼嗎？」

我想了想，覺得這個建議並沒有意義。

「納塔彭，如果我當初選另一條路，我就得穿過那一片密密麻麻、幾乎難以穿越的灌木林，前進只會更加困難。」我說。

納塔彭伸直手臂，手掌朝向天空指著那條雜草叢生、長滿植物的狹窄小徑，直接說道：「去看看吧。安德烈，許多人會犯下的錯誤，就在於還不了解其他選項時，便草草做出決定。人們總是匆匆忙忙，衝動地利用快速簡單可及的訊息做出決定。那是你在學校或童年時期就學到的，一條完善便捷舒適的道路可以帶你走向目的地。那現在，你過去看看吧。」

我用手拍抹掉腳底的汙泥，發現手掌上有許多小傷口，已經紅通通的。

這一刻，我感到心裡有一種反抗、挑釁的情緒上揚，雖然知道可以學到一些東西，但同時又抓不到重點，不知道這些對此時的我到底有什麼意義。

但我還是依著納塔彭的建議，越過牌子走了過去，用手推開一旁阻擋的荊棘，踏上左邊的小徑。讓我驚訝的是，這條路面完全被濃密的草皮覆蓋住，腳踩在上面非常舒適。我轉身看向納塔彭，他臉上看不出任何情緒，跟在我身後走上這條狹窄的小徑。

走不到幾公尺，小徑轉彎了。

納塔彭仍然緊跟在我後頭。突然間，寺廟的圍牆就出現在面前，我正對著入口處。太誇張了吧。我目瞪口呆地看著眼前的景象。這條狹窄的小徑竟然不用幾分鐘，在極短的時間內便把我帶到寺廟，我轉過頭，看見納塔彭微笑的臉。「不用擔心，安德烈，到目前為止，來到這裡的訪客都是選擇右邊的路，沒有一個人是從這條路到達的，你知道為什麼嗎？」

「不知道。」我尷尬地喃喃咕噥著，也很驚訝自己改變了，竟然專心等候著納塔彭接下來說的話。在這一生中，我的確聽到過許多建議，但最終還是我行我素做自己認為對的事。

「當你拿著行李站在雨林之間，隻身一人，不知道方向，你肯定有很多情緒在翻騰，感到怒火中燒，是不是？」納塔彭問。

「是，正是那樣，我沒有辦法解讀那塊指示牌，我不懂這個語言，而且當時又非常悶熱，四處也找不到人可以幫忙。」我回答他。

「沒錯，請記住：首先你要擺脫情緒，它無助於你做出正確的決定，它一點用處也沒有，憤怒、壓力和怨氣雖是自發的反應，但都會在事後讓你後悔。你明白我在說什麼嗎？」他問道。

這一點我懂，也讓我想起有一次，我突然解雇一名員工的事：其實當時我在談一筆大生意，對手堅持不讓步，以致於在最後的節骨眼談判破裂。

對於這次的落敗，我憤怒不已，怨氣還沒平息時，有個資深員工跑來找我請特休，完全沒顧慮我的感受就說要請長假，我一怒之下就叫他滾！但過沒幾小時我後悔了，又馬上讓他復職。

納塔彭繼續說：「安德烈，生活中總是會發生一些事情，有美好的、就當然也有不那麼美好的事，承受苦難是人生必然的一部分，重點是你要如何應對。你獨自站在雨林中，滿滿的行李、滿頭大汗、筋疲力盡，對嗎？你很憤怒，因為天氣太熱，你很生氣，因為你不知道該走哪一條路，你受夠了，因為那裡沒有人可以幫你。現在讓我來告訴你要如何面對，如何塞車不生氣，如何在旅遊時遇到滂沱大雨不怨天尤人，你可以隨時隨地運用這個方法。」

我滿心歡欣地直直望著他，很高興他終於要給我一些實用的技巧，而不是精神上的智慧良方。

「祕訣就在於去體會、去意識所有會讓你情緒化或激動的事物，接受它們，順應它們。在這樣的情況下，你將不再哀嘆說：『糟糕，談判出問題了。』而是說：『好，我知道談判要出問題了，我知道自己會沮喪，知道自己這次要失敗了。』你懂我的意思嗎？」

不，一點也不懂，我滿臉問號的看著他。

他繼續說下去，「只有當你意識到是什麼讓你變得情緒化的時候，你才能改變它。如果你連那個因也不知道，你又如何能改變它？我才告訴過你，你的想法你的思考很重要，沒錯吧？現在讓我來解釋一下：你的想法產生你的情緒感受，你怎麼感受會帶來你的行為，你的行為塑造出你的個性，你的個性決定了你因果報應的命運。原則上，安德烈，你的思想決定了你的未來會如何。當年我的喇嘛告訴我，今天你的一絲微笑，意味著你未來的一絲微笑。你的倒影總是會如影隨形。如果你不笑，它不可能會笑。只有你哭，它才會跟著哭。只有你七孔生煙，它才會跟著憤怒。現在想一下當時你走在岔路前，你不知道該走哪一條路，你看不懂標示牌上的文字，但你為什麼要對此憤怒？你能改變這情況嗎？不能，你能怎麼辦？一切已經發生了，你唯一能改變的是你對現況的反應、你的情緒，唯有體認到什麼會讓你生氣，你就會發現，生活其實可以輕鬆許多。」

「但這又怎麼能積極正面解決我的問題呢？那本身就是一個很糟糕的狀況啊，不是嗎？」我問道，因為並不能完全同意他的解釋。

「當然，就像我說的，不管你願不願意，事情都會發生。就算是世界上最富有的人，也無法擺脫因果報應的法則。情況本身並不會因此而獲得解決，關鍵在於你面對問題的態度。你當然可以對面臨的現況感到不滿，並且設法想要去改變它，你也的確該這麼做。但如果你『接受』，意味著你對當下所處狀況給予明確的認可，無論是一天當中的什麼時候，無論發生什麼事，你都接受，因為情況已然如此，已是事實。這個你懂嗎？安德烈？」

說實在的，這個我懂。

他繼續，「你有沒有遇到過一種再也無法承受的情況？你就是沒辦法接受的狀況？」

「當然，還滿常遇到的。」我說。

「在這樣的情況下你都怎麼處理？」

「嗯，我試著頑強對抗，試著找出解決的辦法，因為我不願意接受它發生。例如我女兒在十四歲的時候就想搬出去住，我當然堅決反對，她還太小啊。」

納塔彭點了點頭。「這我可以了解。後來這事情怎麼解決？」

「不管我有多生氣，她還是堅持要搬出去。她每天都提起這件事，還慫恿她媽媽和她的朋友一起對抗我，最後還是我的決定算數，因為她還未成年。」

納塔彭回道：「作為人類承受最大的磨難，都來自於反抗我們所不喜之事，我們盡己所能、用盡手段與之對抗。」

短暫地想了一想後，我回道：「但是這也是我的責任義務，當我發現眼前有所不對、不合理，就該抵抗，做出反對。」

納塔彭打量了我一番，然後點點頭，「這就是了，非暴力抵抗。當然，我們不該接受一切委屈不公平，我一生都為此奮鬥。但是我指的是別的意思，這是關於你作為一個人，當你涉及在某些情況下對你造成的感受。你會對他人憤怒，無法忍受那些不遵守你信念的人，但是，誰來承擔這個重擔，是你還是其他人？是你，是你獨自一人。當你提到你失去家人時，你悲傷難過，你反抗拒絕的是那些已經發生的事情，你懂我的意思嗎？」

我雖然點點頭，但是不太確定這場對話要帶我走向何方。

納塔彭繼續解釋說：「想像一下以下這種情況，你和你的一個員工開會，他對你述說他感覺自己在工作崗位上沒有價值、不被重視，你問他原因，他回答說你根本沒有時間給他，幾乎沒有關心注意過他，你只和他的上級主管交流。我知道在這種情況下，你會很生氣地想，自己因為有其他更多更重要的工作，當然沒有多餘的時間和你眾多員工中的每一位都保持密切互動。但是你想一想，這個時候生氣對你又有什麼益處呢？」

我直直盯著他看，無言以對。

納塔彭說：「這樣你便困在一個循環之中。當你的員工沒有按照你所期望的方式表達反應，你就會產生不滿並與之對抗，你變得憤怒，這會導致你把這個模式更深深銘記在內心，每當類似的情況一發生，都會讓你產生相同的憤怒感受，而這感覺將一次次更深入到你的心底扎下根。我向你保證，之後你在這個世界上的每一天，沒有一天你會對周遭發生的一切感到高興滿意的。每一個人都有自己對事情的看法，在這一刻你的員工也有相同的感受，你的反應與他所期望的不同，你們兩個都在與對方抗爭，而這又對誰會有好處？沒有人，沒有一方，對嗎？如果我每天都要為這個國家所發生的可怕事情而苦惱憤怒，我將不再能有自由的思想。世界上總是有許多人被謀殺，只因為他的出身或是他的信仰，在這一刻我又能對此做出什麼改變？不行，可惜沒有辦法，但這些不應該讓我憤怒，我不能與之對抗，否則就會讓不潔的思想進入我的心靈，毒害自己，在這樣的情況下你所能做的——我知道這聽起來似乎不太可能——就是對自己說：『也許，事情就該是這樣。』」

這真是個太好的例子，他說得對，這很有道理。「是的，你說的沒錯，很有道理，但是如果我真的遇到問題怎麼辦？發生了什麼糟糕的事在我身上呢？」

納塔彭笑了笑，將手放回袈裟內，從我身旁走掉。我默默地跟在他身後。我們再次坐回那張石長椅上。他輕聲但十分堅定地問說：「安德烈，你最後一次遇到的問題，是什麼？」

我短暫地抬頭望向天空，回答道：「我想，最近的問題是我的手機在這裡收不到訊號，我沒辦法打電話回公司。」

「那就是你的錯了，安德烈。」他說。我皺起額頭，輕輕地搖搖頭。

胡說八道，電話網路的建設不足，關我什麼屁事，我又有什麼責任？我心裡想著，很想聽聽他的高見。

「你的手機沒有網路，是你把這件事當成一個問題的。想一想我剛剛才提到的故事，誰會從憤怒中受益？問題會因此消失嗎？又或者這會導致思想被毒害？這裡手機收不到訊號對我會是個問題嗎？不會，我沒有手機，但是我們的處境是一樣的，不是嗎？」

他的話那麼有說服力，同時卻又難以理解。我坐在雨林之中的這張長椅上，聽著從來沒有人對我說過的一番話，雖然心中有成千上百個問題，但在此刻，我竟一個也提不出來。

他看著我好一會兒，然後說：「安德烈，如果遇到一個讓你很困擾的情況，可以這麼做——這適用於所有你感到不順心、不合理的情況。你可以將它反轉於心，感受當前一刻是什麼讓你受到無法容忍的委屈。如果你生氣手機收不到訊號，就去感受，感受你因此而生的憤怒，讓它產生、隨它流動，然後歡迎這份感受，反正無論如何它就在你的體內，不需要拒絕它，反而擁抱它，緊緊抓住它。然後，再去感受這份感覺是如何生成的，看看這份情緒的起因緣由為何。最後一步，你要嘗試確定原因和感受之間的關聯，思考出另一種可能——也就是在未來苦惱又發生時，可以用什麼方法對其產生的原因做出不同的反應。如果往後你在每次生氣的情況下都運用這種模式，我向你保證，你將改變自己的人生。」

我直盯著他看，知道他是對的。只是我不確定他說的方法是否可行，但是我同意他說的，在那樣情況下的感受，的確是無論如何都會存在。我決定一試。

納塔彭看得出來我陷入沉思之中，就讓我自己好好思考一會兒。接著他說：「不要把罪過推給成因，成因是生活的基礎，有因必有果，你對某件事如何做出反應，完全取決於你自己，永遠要記住，我們的思想也會造業。在這個世界上你所做的一切、所說的一切、所想的一切，所有想避免的一切，都會產生因果報應，因此，如果你能調節自己的情緒，少一些情緒化地對待事物，你就能相對造出更多善果。」

這便是我這趟旅程中的重要轉折點，自此之後，我開始以完全不同的態度面對納塔彭。一切都變得如此簡單清新有意義，他親身為我做出榜樣，在他身旁的每一刻，我看得出來他是真正的快樂。像這樣讓我目瞪口呆驚嘆的時刻，往後肯定還會有很多。

天色漸漸晚了，我們動身前往晚禱的地方。在走回寺廟的路上，我又想到要問納塔彭一件事。「我還有一個問題：在森林裡讓我停下來決定走哪個方向的那塊牌子，上面到底寫什麼？」

納塔彭笑了。「左邊的箭頭旁寫著『捷徑到寺廟』，右邊則寫著『繞路到寺廟』。」

我忍不住跟著笑了起來：「那我真的應該要直接走左邊的路才對。也罷，人生本來就是不公平的。」

納塔彭停了下來，回答道：「安德烈，人生是很公平的，只是不能盡如人意。總是會發生某些事，對你在某個特定情況下有利、特別有幫助，讓你能掌握特定的情況，讓你學到經驗的一課。但是生活無法盡如人意，這也意味著，為了讓你走上正確的道路，生活並不會在你腳前只撒下甜果，某些情況我們不明白，為什麼會如此不盡如人意，於是便幻想說是宇宙對我們心存惡意，要我們去遇到那些糟糕的事。但是宇宙不是邪惡的壞人，也不是良善的好人，它存在，不過只是反射你的行為。這是功課，是讓我們發展自我的機會，我們應該如此看待它。在你的人生裡，你有多少次遇到你認為非常不合適、不正確，令人煩惱的狀況？」

我回答：「嗯，這樣的情況可以說還滿常發生的。」

「那又有多少次這種乍看討厭的情況，到最後卻成為具有豐富收穫的驚喜？」

這我得好好想一下，再回答。「那肯定也有，但那其實取決於我有沒有好好地處理掌握它，不是嗎？」

納塔彭看著我，說：「最重要的是取決於：你意識到它們，接受它們的存在而讓你變得完整。我們永遠不知道接下來會發生什麼事，對嗎？但是只要我們堅定地相信，每個情況都會對我們有所幫助，那人生就會變得簡單輕鬆多了。」

納塔彭滿意地笑了。我感覺得到他正是這樣活著、這樣待人處事，而且一直如此。

「明天我們一起出趟遠門，去走走，到時我會讓你更加清楚。」

這是我這一天聽到他說的最後一句話。晚禱過後我躺在床上，思考著我的人生。我懂他的意思，並且意識到他是對的。我要對自己所有憤怒、苦惱的情緒負責。這種意識，讓我頓時感到大大的解脫、如釋重負，因此決定即使夜深人靜也還是要到外面散散步。這份能量必須要被釋放出去。另一方面，我又對自己沒有早些發現到這一點而感到自責。

當時那段時間裡，我竟一刻也未曾想起我的手機、我的公司和我的豪宅。我感覺自己被釋放了，自由、快樂，但也有些許的不確定性。住在這裡的第四天這個晚上，是我迄今為止經歷過最放鬆悠閒的一夜。

第 8 章

隔天一早我又被鐘聲喚醒，我瞄了一下手錶，距離晨禱還有十五分鐘。我繼續躺在床上，傾聽從打開的窗戶傳進房裡的大自然聲音。今天我要告訴納塔彭說我想去那間咖啡館，打電話回公司。我決定了。這期間我發現晨禱特別令人舒適愉悅，而且感到它特別能讓我平靜下來。

我仍然是這裡唯一的初學者，獨自和納塔彭及五位僧侶一起待在這雨林裡。不知為何，他對我來說不太像傳統的僧侶，比較像是另一種形式的導師和陪伴者，他經歷過我的世界，後來放棄離開了那裡，他隨時都了解我內心的感受。

這一天我們的路線也是下到山谷，來到當

地居民的地方，和每天一樣我們受到熱情款待，得到許多捐贈的食物。在回程的路上我問納塔彭：「今天我們要去的地方在哪裡？還有，僧侶可以開車嗎？」

納塔彭看著我，我發現他憋住笑意，「是的，我們當然可以坐車，連在公共汽車上我們甚至還有一排專屬的座位，就在最後一排。我們今天要搭車深入到叢林去。」

「了解，」我說，「我還可以再問你一個問題嗎？這問題從我到這裡之後一直困擾著我。」

「安德烈，任何你想到的問題，都可以問我。」

「為什麼你的床上沒有床墊？你真的睡在那張硬邦邦的木板上面嗎？」

納塔彭笑了，「沒錯，我就是這麼睡的。我認為這種捨，正是幸福生活的根基。如果地球上的每個人都不斷思考、問自己：『我真的需要這個東西嗎？』我們不但會更加滿足、更幸福，也會大大地減少貧困。這就是我為什麼沒有床墊，也沒有其他我認為自己不需要的物質的原因。我一直致力於減少擁有更多物質的狀態，它可以讓我的思想更清晰。」

打從我們第一次見到面，他的泰然自若、沉著冷靜、令人難以置信的存在感，和那些許的神祕色彩，都讓我留下極為深刻的印象。我在這五天所學到的，比我過去五十年來生活經驗加總起來的還要多很多。

早餐和之後打掃清潔寺廟的工作程序，我已經駕輕就熟，還有緊接在後的冥想時間。中午我來到花園坐在那張石凳上，不斷思考著昨天納塔彭的一席話。

「準備好了嗎，安德烈？」納塔彭將我從思緒中拉回來。我們該動身出門了。

「有沒有可能我們等下稍微在咖啡廳暫停一下，我很想打電話回公司，問問看是不是一切都還好。」

「當然沒問題。」他回答。這答案不是我所預期的，我也說不上來為什麼。

我們沿著狹窄的小徑，來到那天巴士讓我下車的地方。那裡已經停了一輛老舊的豐田，是位女司機坐在方向盤前，儀表板上擺滿數不清的金色佛像。一位嬌小、身高大約一百五十公分的泰國女人下車，向我們彎腰鞠躬。我們坐在後座兩個位置上，以避免和她碰觸。納塔彭和她用泰語交談，我一個字也聽不懂，但是有注意到，她將車停在咖啡館隔壁。

一下了車，我就看見手機螢幕顯示「網路搜尋中……」出現了，手機有訊號了。我很高興地笑了。下一刻就看見螢幕上不停地出現閃動，三通未接來電，全都由一個不認識的號碼打來的。一百零四封新郵件，我打開郵箱，匆匆地瀏覽一遍收到的信件。在我身後是很有耐心等待我的納塔彭，和那位女司機。每一封郵件的主旨都標示著「供您參考」的縮寫字母FYI。供您參考？我想著，打開其中一封——新訂單。然後下一封，也是新訂單。就這樣一個接一個新的訂單。我簡直不敢相信，我意識到自己對這樣的情況相當滿意。然後撥了通電話給琳達。

「早啊，安德烈。」那頭傳來她的聲音，我可以聽出她此刻正帶著神采奕奕的笑容。

「哈囉，琳達。」我回道，「妳跟我說一下，怎麼一通電話也沒有，但是我的郵箱裡卻已經是滿滿的新訂單了，我在寺廟這裡沒有訊號，只能偶爾找機會看一下，我剛剛大概看了一會兒，那個一定要……」

琳達打斷我，「一共是七十七分新簽的合約訂單，這數量已經創下公司有史以來最成功的季度。您沒有接到電話，是因為我們這裡進行得非常順利，一切都運作得很好。您應該要好好休息放輕鬆，不需要擔心想太多。」

我非常吃驚，不知道該說什麼好。「那……那就太好了。」我試著表達心裡的感受。

琳達又說：「安德烈，真的不用擔心。您當然隨時可以打電話過來問情況，但是一切都在我們的掌握之中，我保證。我現在正準備出門去公司了，您好好休息，平平安安、健健康康地回來。」琳達掛了電話。

保證？可是這情況確實比她保證的還要好啊。我這樣想，並思索著眼下的情況，是否證明來度假是個明智的決定。根據昨天納塔彭的說法，我們在做決定的當下，是不知道結果的，如果當初在決定飛來泰國的時候，我能對這決定有多一點點的信任，就可以省去許多擔憂、激動和不開心。我感覺得到昨天他的見解是完全正確的。

回到車上時，儘管心裡感到驚愕、困惑，但我的反應卻出奇地平靜。

納塔彭望著我說：「我很高興你的公司一切運行順利。」

「你怎麼知道？」我訝異地問道。

「安德烈，有些人看得見他人看不見的東西。而我看得出來一切都很好。」

我心滿意足地笑了，而且意識到我所有的緊張情緒瞬間都灰飛煙滅了。這份感受是從來沒有過的，此時此刻，我超級期待前方等待我們的出遊計畫。直到今天，我仍然無法解釋那心情，不過當下的我真心覺得這正是我此刻想要做的事。我已經不記得那段路途了，只記得自己心完全自在，處於一個納塔彭稱之為冥想的狀態。

不到兩個小時後，車子在海邊停了下來。我們到達泰國灣。我和納塔彭一起向女司機道別，然後向海邊走去。在炎熱天氣下的海風很清爽，真是太舒服了。我體驗到正向思考對我帶來多大的影響。如果總是這麼有效，我肯定會繼續這麼下去。我心裡開心地這麼想。

接著我們搭上一艘渡輪，大約在海上航行三十分鐘之後，抵達目的地，我看到一個牌子上寫著：考艾（Khao Yai）。從那裡我們再搭乘一段公車。公車上最後一排都是預留給僧侶的，顯然我也是屬於其中一位。當我們上車的時候，其他人都尊敬地低下頭，以泰式禮儀向我們問候致意。幾分鐘之後，我們抵達國家公園，納塔彭帶著我穿越茂密的熱帶雨林。沒走多久，四周都暗下來了，不是因為時間的關係，而是這裡有著濃密的植物擋住了光線。「納塔彭，我們來這裡做什麼？」我問。

「我們來走走，看可以從大自然中學到什麼。」他回答我。

我們穿越濃密的雨林大約走了一個多小時，我的罩袍早已經被汗水浸濕了。納塔彭看起來卻像一滴汗也沒流。他的眼光總是直視最遠處，而我卻目不暇給，被四面八方的景色震懾了，那色彩太動人了，巨型熱帶植物真的讓人嘆為觀止。突然，納塔彭的手臂在我胸前擺動，示意我停下來。

「怎麼了？」我輕聲問道。

他慢慢將手移向前，指著一小塊林間空地。我雙手一攤，手掌朝向天空，對他示意我什麼也沒看到。他不發一語，再次指向那片小空地——這次我看到了！我的心臟劇烈跳動，簡直要從喉嚨裡跳出來——一隻大老虎安穩沉靜地躺在那塊空地的中央，牠的四肢皆向外伸展，看起來像是睡著了。我的嘴巴不禁大張開來，好滿足我此刻對氧氣的大量需求，我呼吸得非常急促，因為恐懼而無法動彈。

慘了，竟然有老虎。我心裡已打定主意，我們必須趕快逃離這裡。牠和我們大概只有不到三十公尺的距離。我輕輕拉一下納塔彭的袈裟，慌亂地伸出下巴，拚命點向我們來時的方向。他卻只是輕輕地搖頭，在我耳邊輕聲說道：「看仔細點，好好地觀察牠。不用擔心。」

嚇傻的我，呆望著老虎，牠竟然全然平靜而放鬆，安穩地側躺在烈日下。牠四個腳掌都向前方伸展著，尾巴不時輕輕地敲打滿是灰塵的地面。我看得十分入迷，同時間卻也想著，如果牠醒過來，我們就完蛋了。圍繞牠頭部四周的，有飛不停的小蟲子、小蚊子、大蚊子，還有超級大的蚊子，但牠看起來卻完全不受打擾，絲毫不在意。我出神地望著牠，看牠如何文風不動地靜臥在那裡，納塔彭也目不轉睛地看著牠。感覺大概過了二十多分鐘後，他才向我示意該是轉身離開的時候了。

我這才感到如釋重負，同時間也莫名自豪起來，能夠在野外親身見識到如此神奇美妙的動物。在回程的路上，納塔彭帶我來到一條大約只有半米寬的小溪旁，他指示我坐到一塊石頭上，觀察流水，他自己同時也坐了下來。

過了好一會他問道：「你覺得那隻老虎如何？」

我想起剛剛體驗到的情況，不得不吞口口水後回道：「不可思議，真的是非常巨大、雄壯威武的動物，不過離牠太近，我實在很不舒服很不自在。」

納塔彭只是點了點頭。我們倆繼續觀察流水，水順著坡度不停地往下流去。幾分鐘之後我突然感覺脖子上有刺痛的感覺。蚊子在我的脖子和手臂上停留，我拍打牠們，整個人發瘋似的跳來躲去，企圖阻止牠們貪婪地吸吮叮咬。納塔彭在一旁靜靜坐著，饒富興味地看著我，他的手臂和腿上沒有半隻蚊子，頂多只有一兩隻蚊子繞著他飛；相反地，我卻被這些惱人的傢伙重重圍困，當我再度舉起手想要殺掉我上臂的一隻蚊子時，納塔彭開口說：「等一下，安德烈。」

我看著他，慢慢放下手。他讓我起身朝出口走去，離開這片茂密的雨林。

回到入口處的停車場後，我們坐在一張長椅上。緊張壓力突然消失了，我頓時感到非常疲憊。我們安靜地坐在那裡好一會兒後，納塔彭問我：「安德烈，你覺得我想向你展示什麼？」

我很累且疲倦，無法好好思考，於是回答說：「一隻正在睡覺的老虎和該死惱人的蚊子。」

納塔彭笑著說：「答對了，你剛剛親眼見到和體驗到的，正是許多人思想狹隘的寫照。」

我不了解，只能滿是疑惑地望著他。

「老虎和蚊子有什麼區別呢？」他問。

「那當然有很大的不同啊，老虎是雄偉的肉食動物，而蚊子就只是討人厭的傢伙。」

納塔彭看著我說：「是的，這正是一般普遍的看法。現在想像一下，如果你會重新投胎為老虎或蚊子，你想做哪一個？」

「老虎或蚊子？」我不可思議地回問他。「我以為人只可以重新投胎為人，好完成未完成的任務。不過投胎重生成為老虎的話，我大概還可以想像，至於蚊子——不用，別了吧。」

納塔彭回答：「我不知道我們是不是可能會重生為動物，你也不知道，我們都無從得知，但是我們相信會，如果真是如此呢？假如你周圍的人總是想要打你、咒罵你，並且毫不留情、不顧一切地想要殺死你，你做何感想？」

我想了想，然後回答：「那當然不好受，但是作為蚊子真的會有靈魂或者感覺嗎？」

納塔彭轉身直直地對著我說：「你曾經去過老虎園或動物園嗎？或者你有沒有曾經在網路上看過有人虐待動物？」

「有看過。」我回答，對他想要暗示什麼毫無頭緒。

「你覺得那些動物看起來怎麼樣？很開心嗎？」

我搖頭，「不，牠們哀叫著，看起來很脆弱。」

納塔彭點頭，「當牠們哀叫，對於被虐待做出反抗，用尖叫哀號表達時，你是怎麼想的？牠們有感覺嗎？牠們是有感知的動物嗎？」

我點點頭，納塔彭繼續說下去，「如果你剛剛朝蚊子揮掌打下去，牠會有什麼感覺呢？」

我看著他回答道，「如果牠沒有死，可能會感受到疼痛。」

這位僧侶點了點頭，我突然感覺到不安，我為什麼要這麼做，為什麼想要置這隻可憐的生物於死地。

納塔彭看著我，接著望向離我們一段距離的停車場，在那裡停了幾輛車和三輛大遊覽車。許多外國觀光客在停車場四處走動、抽菸、大聲喧譁，並且用他們的相機拍著照。

「安德烈，你覺得在停車場裡這些人群中，有多少人有自覺且意識到，身而為人所伴隨應盡的責任義務？」

我懷疑地看向停車場，必須好好思考一下，「你指的是哪種責任義務？」

納塔彭起身，站在我前面猶如一位導師，一位非常優秀的導師，沒有指控責備，沒有學習的壓力，只有對他的課題懷抱著滿腔的熱情。我想，這就是為什麼至今我仍然對這些經歷記憶猶新的原因。

他說：「你身而為人，沒有權力將其他生命視為低等生物來對待，一隻蚊子和一隻老虎是一樣珍貴的，牠們也和你一樣珍貴。要知道，身而為人的優越特權，是具有其深遠意義的，這意味者，你已經累積了足夠的正業，要來完成人類的使命任務，你有進入涅槃的可能性，而動物卻沒有這樣的機會，所以我們應該為自己能夠生存在這輪迴中而慶幸。所以我們沒有權利宰殺或折磨動物，我們身而為人有責任義務，視動物為有情眾生並如此對待。因為我們可以，因為我們對此應該更清楚了解，因為我們身而為人。」

我看著他不得不認同，「那為什麼還是有些僧侶也吃肉呢？」

納塔彭淺淺一笑回答：「佛教僧侶不是完美的，沒有人是完美的。想像一下我在這花園裡的石椅坐下，可以確定的，是在坐下的時候便不小心殺了幾隻小生物，完全是無意的，但這卻是因為我、經由我而造成的。當我在呼吸的時候，也會吸入一些小生物，這一切都是無法避免的。最重要的是態度，是正念，是將焦點關注在人類和動物都是有情眾生這一事實。身為佛教徒，不去傷害任何其他生命是我的責任，而這一點才是最重要的。」

他坐下來，直視我的雙眼，繼續說道：「這一點不僅適用於你的所作所為，同樣也適用在你的言語，甚至適用於你的思想。如果你剛剛咒罵了那隻蚊子，並在思想上要把牠殺死，那麼在這種情況下你便累積了負面的業障。你要知道，生命遠比我們用雙眼所見到的更為深厚，非常地深厚，因此我們萬萬不能對任何動物、植物，任何有情眾生施暴，也不該談論或思考任何暴行。我們甚至應該致力於讓其他人也如此為之。我們無法獨立拯救這個世界，但是我們每個人可以讓自己的一片天地變得更好。如同佛陀所言：『道不在天，道在人心』。」

我喜歡他的引言，直到今天，在我遇到各種情況下我都會想起這句話。光是想要去傷害其他人或其他動物的念頭，就足以將我們推向深淵、讓人類之間的分裂繼續擴大。

「我還想給你看樣東西，請跟我來。」納塔彭說。

我們穿過停車場走了幾公尺，停車場上的人越來越多。在那旁邊有棵巨大的樹木，樹旁一塊木製的遮陽板下站著一頭大象，「看看那隻大象，安德烈，你注意到了什麼？」

「嗯，牠真的很大一隻，顯然是招攬遊客的花招，我是很反對這種虐待動物的行為，如果你是指這個意思的話。」

「牠哪裡被折磨虐待了呢？」納塔彭問。

所以我又看了一下，才發現大象並沒有被鏈子栓在樹上，看樣子牠是出於自願站在那裡的。

納塔彭說：「這頭大象從出生後不久，就被鐵鍊拴在這棵樹上，從此牠再也不離開這個地方了。」

我疑惑的望著他：「為什麼牠不走開呢？」

「打從出生開始，大象當然嘗試過要掙脫鐵鍊，但是牠當時太弱、太小了，儘管今天牠已經夠強壯了，卻也不想再做任何嘗試。一條無形的枷鎖將牠牢牢地栓在原地，而且牠已經學到自己無法離開這個位置。

「從這一點你可以看到『習慣』這個原則，它是個很輕盈的枷鎖，以至於不會被注意到，直到它變得越來越重，最終難以掙脫。大象已經學到這裡就是牠的位置，因此不需要再用鐵鍊拴住。這個例子也可以應用到你的生活中。想想看，有哪些習慣對你來說最終不會有益，但你仍然保留著，只因為你還沒學習到其他方式？每個人都會養成一些重要的、得以繼續生活的習慣。」

我看著他，問道：「你指的是什麼？」

納塔彭回道：「閉上眼睛，然後告訴我你聽見什麼？」

我閉上眼，聽著周圍的聲音。一會兒後，納塔彭輕輕碰了一下我的肩膀，示意可以張開眼睛了。

他看著我，等待著我的答案。

「我聽見那裡有巴士行駛過碎石路面的聲音，我還聽見很多鳥在大聲鳴叫。」

納塔彭點點頭。「你怎麼知道這些的？」

我吃驚地看著他：「我當然知道啊！輪胎行駛在碎石路上會發出什麼聲音，還有，在德國我也聽過鳥叫聲。」

「沒錯！你會知道，正是因為你經歷過、學習過，你的大腦知道這聲音很可能是巴士的輪胎發出來的，而它也知道，這鳴叫聲是鳥的聲音。那麼，這種能力對我們為什麼很重要？」

我稍微思考了一下，說：「這些應該是我們很小就學到的，不會有人長大後還去思考它的重要性吧。」

「可是，這種能力確實很重要，這樣你才可以生存下去。想像一下，如果每一刻你都必須問自己，是誰發出這些聲音的，在每個情況下你都必須對每種聲音、每個顏色、每張影像、每種氣味進行重新分類，那我們的大腦將會被這一切所淹沒。我們不可能每分每秒都在重新處理所有感官上的印象。那是不可能的。這就是為什麼你的大腦學會了建立『抽屜』。」

「抽屜式思考！」我驚呼，「這個我知道！」

「抽屜式思考對很多人來說是個負面的詞，但我所指的這個『抽屜』，特別具有意義和用處。比如你的某個抽屜裡，存放一條訊息，也就是當手機震動與某個旋律聲響一起出現時，就代表你手機上有來電。在這一刻你知道發生了什麼，便不需要主動去問自己那是什麼——而這個，就是你的一個習慣。但你現在設想一個住在泰國高原上的老先生，一個從來沒有擁有過手機的人，甚至不知道手機是什麼，那他又會對這震動和聲音組合做出什麼反應？」

我了解他所說的，聽得十分專心認真。

納塔彭接著說：「他沒有辦法將其歸類，首先便會先將其視為一種威脅。每個人都有適應自己生活的特別分類和習慣，如同你剛剛一看到老虎的時候，就感到緊張害怕，對那情況無法應對，對嗎？」

我點了點頭。

「這裡的護林員經常看到老虎，對他們來說，看見老虎已經習以為常。所以正如同我剛才所說的，建立這樣的習慣非常重要。儘管如此，還是有一些習慣妨礙到我們，會將我們導離正確的路。例如，當我們外出赴約時，輕易地就選擇不健康的飲食，外出約會和速食快餐相連結，讓我們不再對此多做思考，這些連結都是在淺意識中建立起來的，這是由於人們不停被大量的廣告影響、轟炸，越來越頻繁地陷入這樣的陷阱裡。其實，每個人都應該要試著找出自己的習慣，並將其分類，那究竟是有益的還是無益的，始終要以自己的人生目標、想要什麼，以及想追求的理想生活方式為基礎來識別清楚。」

我感受到他的話語對我帶來的衝擊。我總是習慣性地將員工視為低一等的、無知且無主見，這是我長久以來對他們的理解，也一直這麼看待他們。我感到極為不安和噁心，一種打從心底的無力和悲傷。自從認識了納塔彭，我越來越期望能改掉這些卑劣不堪的行為。這趟旅程，讓我更確定我要變成一個更好的人，不再歧視他人。我不能僅僅因為自己很有錢，就將自己置於與其他人不同、更高的層次之上，也不應把自己凌駕於大自然之上，把大自然看作是可以任由人類隨意支配主宰的附屬品。我低下頭，沉思我的生活很久：我如何待人接物，對我的下屬、我的司機、機場的行李搬運員，我怎麼可以認為自己比其他人優秀？我閉上眼睛，突然感到相當難受。

看來納塔彭應該是發現到這一點，就像他能感知到我內心所有的感受一樣。「今天是很漫長的一天，我們該啟程回寺廟了。耐心點，你會看清楚問題全貌的。」

回程時，女司機很準時到渡輪碼頭接我們，我一上她的車便沉沉睡去，直到我們回到蘇叻他尼。

傍晚冥想時，我都在想著前妻和我的女兒，並思考著在哪些地方我本來可以做得更好，或是換個方式處理。

然後，我坐在花園裡的長凳上回想這一天，感覺非常糟糕，我覺得在納塔彭身邊的自己，是個非常糟糕的人，也是天底下最不道德的人。

納塔彭看見我一個人，便過來在我身邊坐下。他將手放在我的肩上，我們就這樣沉默了很長一段時間。我打從心底感受到他是一位非常好心、善良且溫暖的人，對每個人都很熱心、坦誠和友善，我深深地被感動了，而且感覺到他過得很好，沒有任何負面消極的想法。他沒錢、沒車，一點也不富裕，卻比我開心幸福許多。

「我不知道該如何擺脫這一切，納塔彭，這種自以為比其他人更優越、更高一等的派頭，用收入、影響力和出身來評斷分類其他人，我一點也不喜歡這樣的自己了，我以前真的很蠢。真的非常抱歉。」

納塔彭說：「你無法改變過去，但是你可以從今天開始，按照你認為合適正確的方法行事。過去的已經過去了，不值得再去多想。你無法改變以前的任何決定、想法和行為，那些因果已經在你生命中發生。但是，你可以從今天開始，每一個決定、每一句話、每一個念頭，都建立在從愛和善意出發的基礎之上。」

我看著他，知道他是對的。但仍然感受到挫敗和沮喪。

納塔彭站起身，對著我說：「站起來，安德烈，舉起你的腿，盡可能抬到你可以抬到最高的地方。」

我疑惑地看著他，忍不住啞然失笑，因為他總是能將我從最深的抑鬱谷底拉出來。我站了起來，盡力把膝蓋抬向胸前可以抬到最高的位置。

納塔彭點點頭，說：「你看，你在這個世上還有好多時間呢。越靠近死亡，我們的身體便會越來越靠近地面，身體的能量將變成土壤裡的能量。隨著時間的流逝，無常的世事會讓你衰老，將你拉向大地，直到你再也無法舉起腿向前行，於是你的姿勢便越來越佝僂、向下彎去，大地也會拉著你，讓你不得不靠向它。但是你今天還能直挺挺地行走，一切都還沒結束。安德烈，每一個人都有機會把一切做得更好，即使是在臨終之際，你仍然可以改變你的態度和姿勢。但是我建議你盡早開始。」他笑了笑，提起步伐慢慢地朝寺廟入口處走去。我很驚訝，他這一席話竟然立刻讓我振奮起來，並且對於自己能和他相遇，心存無限感激。

第9章

時光流逝，酷熱仍持續存在。身為新手僧侶的不安全感逐漸消散，而納塔彭所給予的教誨，卻越來越激發我學習的熱忱。至此，我已經在這間寺廟待兩週了，整個人感覺極好。體重明顯減輕許多，這裡沒有太多東西可吃，有限的食物也都是健康食品。我感覺到整個人很輕鬆，身心得到充分的休息，一切都要歸功於冥想、陽光和納塔彭。每週我會和琳達通話一次，詢問公司最新狀況——沒想到，業績的成長竟是不可思議地突飛猛進。

一個美好的傍晚，儘管太陽已經下山，空氣依然悶熱潮濕，納塔彭來到花園，在我旁邊的石椅空位坐下。「安德烈，再一個禮拜你就要離開了，說說看，在寺廟的這段時間，有什麼感想？」

真的嗎？已經是最後一個禮拜了？我完全忘記了時間。「你知道嗎，」我深思熟慮後回答：「我在這裡所學到的、體驗到的一切，滿溢著我的心靈。我真的非常感恩這段時間，不想要再錯過任何一刻。這次離開後，我可以很快再回到這裡嗎？」

納塔彭笑了笑，他總是露出這樣的笑容。「安德烈，讓我跟你說一個故事。」

很久以前有一個磨坊師傅穆勒，他住在一個小村莊，可以算是有錢人，有一間磨坊和幾頭山羊。村裡的人對他說：「穆勒，你是這裡唯一有羊的人，真是太幸運了。」磨坊師只回答道：「誰知道呢？」

有一天，磨坊師所有的羊群穿過圍欄的一個破洞跑走了，他沒有辦法把牠們抓回來，村裡的人站在他的磨坊前，說：「穆勒，所有的羊都跑掉了，你真是太倒楣了。」磨坊師一樣回答道：「誰知道呢？」

幾天之後的某個清晨，大家親眼看到磨坊師的羊群自己找到路回家，不但如此，還帶回了許多其他的羊隻一起回來。眾人對他起了忌妒，紛紛說：「穆勒，你真的是太幸運了，你現在擁有比以前更多的羊了。」磨坊師還是回答：「誰知道呢？」

有一天，磨坊師的兒子突然想到，要攀爬到磨坊屋頂上頭去，好眺望遠方，沒想到摔了下來，從此沒辦法走路，村人紛紛對他說道：「穆勒，你真是太倒楣了啊。兒子不能走路了啊。」這個磨坊師依然只是回答：「誰知道呢？」

幾天之後，國王的軍隊跑到村莊裡，把所有的男孩和年輕男人都帶走，要他們為國王賣命去打仗，他們當然不要磨坊師的兒子，對此村民們又說：「穆勒，你真的是太幸運了。」這個磨坊師傅依然回答：「誰知道呢？」

我被這故事吸引住了，覺得自己已經了解這故事背後的寓意，「你永遠都不可能預知一件事情到底是好事還是壞事，對不對？」我迫不急待地回答。

「沒錯，安德烈，世事難料，這是無法預知的。生活中的每一刻都有兩種可能，這完全取決於你觀看的角度。試想一下，你參加一項運動比賽，五百公尺賽跑，最後以第二名的成績抵達終點。你會怎麼想？」

「我一方面會很高興自己得到第二名，不過可能也會很不甘心，生氣第一名不是自己。」

納塔彭點了點頭，「對你而言，這同時是勝利和失敗，所以說在人生的每一時刻總是二者兼有，有兩個面向。」

「不過如果是我得到第一名，我就可以慶祝勝利了，不是嗎？那就不會有失敗的那一面。」

納塔彭回說：「這仍然取決於你觀看的角度，對所有其他在你身後的人來說，結果就是失敗，但對你而言是勝利。重要的不是事件的本身，而是不同的人從不同的角度來看待它。你能了解嗎？」

我遲疑地點頭，並沒有被說服。

納塔彭顯然看出我的疑惑，於是解釋道：「試想看看，南美洲為了種植動物飼料，並且將木材賣給富裕的歐洲人，把將近一百公頃的森林砍光了；這對於當地的動、植物是很明顯的失敗，它們失去生存的空間，其中很多甚至失去了生命，但是對營運飼料的公司卻是一個大勝利。因為這個世界一直在貪食追求更多的肉類，他們便能賺取巨額的利潤。對出口熱帶木材的商人來說，這也是一個巨大的勝利。所有我們看得到的一切，都包含著勝利和失敗，也總是有好的和壞的一面。當我們能有意識地對此提出質疑，理解有些事不是絕對的好或壞，這些界線往往就變得模糊或消失了。」

我望著他，說道：「如果那樣的話，世界上就沒有什麼事情是絕對的壞嗎？那也就意味著，我可以為所欲為，因為總是會有某個人把我的行為解讀為勝利、良善的。」

納塔彭回道：「理論上來說，是的。我們佛教徒奉行崇高的八正道[6]，它將慈悲為懷視為每個決定和想法的根基。我們個人無法獨立改變這世界，但是我們可以改變其他人來做同樣的事。當我們聆聽佛陀教導時，我們便知道，在通向內在提升的道路上，不斷前進的本身就是成功。頓悟其後的驅動力量，產生正確的思想、正確的行動，便是成功。」

我想了一下，曾經聽過這個說法：「有人說，想要變得快樂，沒有任何靈丹妙藥，也沒有任何神奇的方法，只有好好享受、認真投入你此刻正在做的事，就會得到快樂。」我說。

納塔彭知道我明白這個道理，滿意地笑了。

這一晚，我忽然意識到，直至目前為止，我們所談的都只是觸及到表面。

「你的任何決定不可能完全不影響到他人，也不可能有什麼做法完全不傷害到別人，沒有這樣的事。每一個行為都有其代價，那也會反應在你的因果報應之中。如果你無私的行為是出於崇高的動機，你最後就會得到善果。儘管如此，你還是可能會傷害到別人。想想看，你過去的決定是如何影響你的生活？」

我回想了一下，立刻想起當年前妻離開我的情景。那天我直到深夜下班回家。雖然很早就答應她不加班，會提早回家，兩個人可以出門共進晚餐。不過正當我要打電話讓司機來接我回家時，一名員工慌慌張張地衝進我辦公室，告訴我他孩子出了非常嚴重的車禍，他急須趕去醫院。聽到這消息我很震驚，立刻幫他叫了計程車、付了車費，並且祝他一切順利。當時，我還想到我唯一的女兒，如果她遭遇了什麼事，我該怎麼反應。接著，我便忙著將那員工的工作分配出去給其他同仁，最後

---

6 八正道即指：正見、正思維、正語、正業、正命、正精進、正念、正定。

比預計晚了兩個小時才到家。當我一打開大門，就看到我太太雙手交叉在胸前，臉色鐵青地站在玄關，一旁是她的行李箱。我說：「寶貝，對不起，不過妳知道嗎，因為我有個員工——」

「我沒興趣知道。」她打斷我，逕自將她的行李放上計程車，「剩下的東西我會叫人來搬，你可以和你的公司去結婚了。混蛋！」就這樣，我不過是幫助了一個有難的員工，就為此受到懲罰。當我把這故事說給納塔彭聽的時候，他說：「你的想法是對的，也做了正確的事，但是在那天之前，你有多少次讓你太太等待，或者拋下她不管？」

我仔細一想，發現那才是我們最常遇到的狀況：每次我都以自己身為老闆、承擔重責大任為理由來辯解，卻沒有意識到自己傷害她有多深。我不禁低下頭沉思，腦海中閃過一幕幕獨留妻子和女兒在家中的情景。我感覺糟透了，我每次總是把罪過責任推給公司，但在這個晚上我才終於意識到，其實一切都是我的錯，全部都是我的錯。

沉默了大約二十分鐘之後，我抬起頭，眼眶泛紅，幾滴淚水順著臉頰流下。我懇切地問納塔彭：「我該怎麼做才能成為一個更好的人？才可以像你一樣幸福快樂？」

納塔彭從椅子上站起來，直挺挺地站在我跟前對我說：「你已經是了，安德烈——覺醒，是第一步，也是最重要的一步。好了，我有點累了，我們去做晚禱吧，將你的願望、期望傳達給宇宙，你將會發現，你所想的，都會成真。」

這天晚上我真的這樣做了，用前所未有的誠懇和專注祈禱著。晚禱和冥想時的感覺是如此難以形容地強烈，我感受到自己話語背後的堅定，真誠希望宇宙能聽到我的心聲，感受到我那不可動搖、想要改變自我的意志。

這夜我難以入眠，全心滿溢著新的想法而感到無比的喜悅，以至於無法冷靜下來。此時此刻躺在床上的我，清楚知道自己已經做出決定了。

第 10 章

隔天一大早，鑼聲響起，把我從睡夢中殘酷地喚醒。看了一眼我的勞力士手錶，想想自己睡了多久，最多兩個鐘頭吧，我思索的同時，一邊起身坐在床邊。雖然是個多雲的天氣，炙熱的氣候卻絲毫沒有減弱。我很享受每天早上醒來，大約都才二十幾度，非常舒服。

佈施、早餐和晨禱一如往常進行著，隨之而來的冥想時間，我會認真地重複前一天晚上的願望。之後和納塔彭兩個人，在花園裡我們的老位子坐著。日復一日，我們在此觀賞大自然，傾聽雨林中傳來的聲音。我稱這張石頭長椅為「智慧之椅」。

「納塔彭，」我對他說，「我仔細思索，

想了一個計畫，我想要拋開我人生至今經歷的那些負面事情，我想要在未來成為一個更好的人。請你為我指引前進的路。」

納塔彭抬頭望向我，說：「安德烈，你不應該這樣片面地看待事情。首先，在你生命中發生的一切，已經發生了，對於能經歷那些事，你應該帶著感恩之情。我們來到這個世界上都背負著自己的任務與功課，帶著我們所有的經歷，而這些經歷並非只存在於今生，但它將永遠伴隨著你。這就是你，你就是這樣來到世上的，你的本質是永遠不會改變的。我們的靈魂會選擇父母，在他們身邊一起完善我們之所以為人的任務，而無論你的任務為何，都是無法透過數學、邏輯或思考找到的，唯有經由冥想，在絕對的寧靜中方能找到。它隔絕於喧鬧、咄咄逼人的世界之外，它深藏於水面之下，埋藏在冰山最底層。我們每個人都有自己的任務，最重要的，就是不斷完善自我，提升自己的品德和素質。然而，每個人在生命旅程的起落點都不一樣，所以你不應該把所有發生在你身上負面的事，都視為壞事。想想昨天，想想過去，其實，每一次的失敗都是另一種勝利，反之亦然；所有你的經歷，所有你今天視為『壞』或『負面』的，也都在幫助你朝任務前進。對於至今在你身上所發生的一切，你都該心存感激。懂得感謝，是我們身而為人最重要的特質。現在，你想感謝什麼？」

這段論述我其實並不能全部理解，但是我已經知道，納塔彭不會對我鉅細靡遺的解釋清楚，我必須靠自己探索，悟出道理。我說：「我感謝我的公司、我那位很棒的前妻，我心愛的女兒、我的女管家和我的司機。」

「很好。」納塔彭說：「你對你的身體心存感激嗎？感謝自己的兩條腿和兩隻手臂？感謝你能聽見、能看到、聞到、嘗到和感覺到？感謝自己擁有相信的能力？感謝陽光照耀？你感謝在生命中曾經幫助過你的人？感謝那些曾經傷害過你的人？」

我回答：「對那些曾經傷害過我的人，絕對不會。但對於其他你所提到的那些——會的，我當然會感謝——那是理所當然的。」

「安德烈，讓我再跟你說個故事。」

某天，佛陀[7]踏上環遊世界的旅程。他遇見一個沒有手腳，幾乎不能動彈的人。

「你是誰？」那個病人問他。

「我是佛。」他回答道。

「如果你真的是佛，也許你能治癒我？」病人問。

「我可以讓你康復，」佛說，「但是你很快就會忘記我和你的病痛。」

「我怎麼可能會忘記你？」那個男人喊道。

「好吧，那我七年之後再回來，到時我們看看你是否已經忘記我了。」佛陀說完，沒多久，那個男人再度有了手臂和雙腿。

之後佛陀繼續祂的路，遇見一個無家可歸的流浪漢。

「你是誰？」流浪漢問道。

「我是佛。」

「佛？」流浪漢說，「那也許你可以給我一個家？」

「我可以，」佛陀說，「但是你很快就會忘記我和你的問題。」

「我怎麼可能會忘記你？」流浪漢喊道。

「好吧，那我七年之後再回來，到時我們看看你是否已經忘記我了。」佛陀說完，將手放在流浪漢的頭上，沒多久，便出現了一棟房子給這位流浪漢。

佛陀繼續祂的旅程。幾天之後，祂遇見了一位盲人。

「你是誰？」盲人問。

「我是佛。」

---

7 此處是指廣義的佛，亦指頓悟者、開示者。佛教裡，已從苦和煩惱中解脫，圓滿菩提的覺悟者，都是已達正覺成佛之人。

「佛？那你可以讓我重見光明嗎？」

「是的，我可以，但是你很快就會忘記我和你曾經眼盲這件事。」

「我怎麼可能會忘記你？」盲人喊道。

「好的，那我七年之後再回來，到時我們看看你是否已經忘記我了。」佛說道。然後將手放在盲人的頭上，沒多久，盲人又可以看見了。

七年之後，佛陀再度啟程上路，要去拜訪祂多年前曾經幫助過的人。祂化身為一個盲人，出現在那位受祂幫助而恢復視力的人面前。

「拜託幫幫我，我什麼都看不見，而且我口很渴，需要喝點水。」祂懇求道。

「你想要幹嘛！」那人衝著祂喊，「我才不要給殘疾人我的水呢。」

「看吧！」說著，佛陀便回復原樣，向昔日曾經失明的人顯露自己。「七年前你自己是個盲人，當時我治癒了你，你也答應不會忘記我和自己曾經失明的事。」祂便將手放在不懂得感恩的人頭上，他馬上再度失去視覺。

接著佛陀繼續上路，來到七年前祂曾經贈送雙臂和雙手的人面前。祂化身為一個沒有手腳的人，向那個男人乞討一杯水。

「滾開！」那男人對祂喊著。

「你看！」佛說，「七年前我治癒了你的病，當時你曾答應我永遠不會忘記我和自己曾有的病痛。」祂便將手放在這個忘恩負義的人頭上，讓他再度失去雙手和雙腿。

最後佛陀化身為一個無家可歸的流浪漢，去拜訪七年前受祂贈予房子的流浪漢。

「我可以在你這裡過一夜嗎？」當來到那個男人家門前，佛問他。

「當然可以，快進來吧！」男人邀請佛進屋內。「可憐的你快請坐，我以前也無家可歸，正好在七年前我遇見了佛，祂幫助了我。那時祂說七年後會再來訪，你可以在這裡等，直到祂來到，也許祂也會幫助你。」

「我就是佛。」祂揭示自己，然後說：「你是當初我幫助過的人之中，唯一沒有忘記我的人。因此你將永遠得到幸福快樂。」

當佛向這個唯一的好人道別時，祂說：「我們生活在不斷變化之中，往往幸福也會變成不幸，困境也可能轉變為財富，愛也可能成仇。任何人都不該忘記這一點。」

納塔彭說完了。這個故事我完全聽懂了。

「懂得感恩，是非常重要的。」我喊著。

納塔彭點點頭並說道：「你跟我說過你想要快樂？那就該感恩。我們的生活總是受到他人的善意和仁慈影響。所以首先我們必須懂得感恩，只要你邁出這第一步，人們便會仿效你的行為，跟隨你的步伐。」

這番話語深深觸動了我。納塔彭說完後，人便離開了，獨留我在原地沉思。我對自己說著，一遍又一遍，就像在唸著箴言一般：「我感謝我的生活，感謝太陽照耀，感謝我每天都能夠健康地醒來、心神安寧地入睡。我感謝我的雙臂和雙腿。我感謝我的家人。我感謝所有一路上相遇過的人，以及未來將會遇見的人。」我一次次地重複這些句子，這感覺實在太棒了。

天色漸漸暗了，納塔彭再度走過來，在我身旁坐下。「你現在感覺如何？安德烈？」他想知道。

我無法形容此刻的感覺，感到不知所措、萬分激動，然後便哭了。一開始只是無聲地流淚，漸漸地，淚水越來越難抑止，最後我終於放聲大哭。有記憶以來，我從未如此嚎啕大哭過，此刻會哭，不是因為悲傷，而是因為能夠經歷這一切，內心感到無限的感激。

納塔彭看著我，站起來，離開了。

過了好久，我的心情終於平靜下來，我也走回寺廟。「你真的很不會安慰人。」笑著說這句話時，我臉上還掛著淚水。

納塔彭伸手輕輕推我，朝花園的方向走去，我們一起走回那張長椅。

「安德烈，你要知道我不會永遠在這裡，無論是孩子還是成年人，都必須要獨自經歷面對這些感受，並且從中學習。這一點很重要，否則每當你悲傷時，你總是需要其他人。悲傷只是身體對壓力的一種反應，這很正常。視悲傷為正常現象，描述它、理解它，接受它，之後它便會消失，永遠地消失。」

他滿意地笑了，把手放在我的肩上，說：「這裡對你來說，有太多新東西了，是嗎？我理解一開始要接受這所有事情是很困難的，請你試想一下，在北大西洋中央有一座冰山，只有冰山最頂端的部分露出水面，而你所能看到的只是冰山實際存在的一小部分，而我們能用感官捕捉到的，也只是真實存在的一小部分。至今我教導給你的，更只是其中一小部分，再說，我們才剛剛開始呢。」說完這一席話，納塔彭向我道晚安，我也回房準備就寢了。

躺在床上時，我想著，眼前只剩下三天的時間在這裡，就快要回德國了。

這個晚上，我懷著極為複雜的心情入睡。

第 11 章

我的旅程倒數第三天，也是如同過去幾天一樣的開始：巨大的鐘聲把我從睡夢中喚醒，接下來的也都是例行的作息。梳洗、刷牙、換上罩袍後去做晨禱早課。如今，我已經能背誦藏文祈禱詞了，儘管無法翻譯也不懂意思。此外，我還有自己的祈禱文——隨著時間的推移，這些祈禱文內容越來越多和我的家人有關，也會和其他對我很重要的人相關，而不再只是我的公司，以及最初我引以為傲的物質財富。

在佈施和隨之而來的早餐之後，納塔彭和我決定到森林裡去散步一會兒。「納塔彭，你對未來有什麼打算嗎？你對我闡釋了這麼多，但我一點也不知道，你自己未來的路打算要怎麼走。」

納塔彭堅毅地盯著前方，說：「我沒有任何計畫打算，安德烈。」

「怎麼會？怎麼可能什麼都沒有？」我難以置信地再問道，「你一定有個計畫，對吧？我的意思是，儘管作為僧人，也有可能要換寺廟待，或是考慮要不要再回德國，還是要永遠留在這裡……我想問的是這個。」

納塔彭望向天空，接著說：「人一旦有計畫的時候，總是會忘卻最重要的事。人生是不可能計畫好的，如果我計畫在這間寺廟度過餘生，但三年後這座寺廟被熱帶風暴徹底摧毀了，那我的計畫對我又有什麼用處？宇宙對你的計畫一點也不感興趣，也不在乎你過去生活的樣貌如何，你又是何時發現生活有重大變化。」

這很簡單。「這間公司我是因為有人過世，而讓渡得到的，這對我而言那正是嶄新生活的開始。接著我接到來自全球各地的訂單，並且可以繼續一路成功發展。」

納塔彭維持一貫悠閒從容的步伐，微微點了頭，說：「這些其中哪個是你計畫好的嗎？你計畫好生命中因為某個人的離世而讓你得到這間公司的？你計畫好你的妻子要離你而去，或是計畫自己沒有很多朋友？」

我感到很困惑。「當然沒有，這些是你不可能計畫的。」

他看著我回答：「這就對了。當你回頭去看自己的人生，你就會發現，計畫根本行不通，難以發揮作用。人們會改變自己，只有在不得不的時候；在某個情況下壓力變得太大時，人就被迫要去改變。當一個熱帶季風將我的寺廟摧毀了，我就不得不改變我的生活。那我為什麼要現在去計畫呢？最重要的是，你的想法和願望如果是正確且純淨的，這樣你才能從宇宙中得到你所祈求的。」

我笑了，且意識到這句話真的是有其道理的。事實上，在我生命中發生的這些事都不是我所計畫的。我的計畫是和我的公司、我的妻子、女兒過一個幸福美滿的生活，但是那並沒有成功實現。

納塔彭停下腳步，示意我也停下。

「如果我不應該計畫，那我又該怎麼做呢？我的人生總得要往某個方向繼續下去吧？」我問道。

納塔彭回道：「你的人生會順其自然地朝該去的方向繼續前進，這沒有任何東西可以動搖的。你以為自己是有意識地做出這些決定？其實這些決定都取決於潛意識，這就是我們談論過的『習慣』問題。這些習慣在很大程度上決定了你的未來。你有早晨起來去運動、充滿動力出門去上班的習慣嗎？還是你習慣賴床，不想去上班？這兩種習慣都將導致你的命運，造就你這個人。只有你自己能決定要走哪一路，就如同第一天你在雨林裡看到路牌時一樣。如果你懷抱滿滿的慈悲和感恩的心，心懷純淨的思想和願望，這就將是你的命運。沒有制定計畫，就沒有失敗。」他笑得燦爛，我可以感受到他正是這樣活著的。

我問：「對你們佛教徒而言，難道命運就是單純基於偶然發生的事？」

「不，不完全是。命運不代表跟超自然之類的事有關。但可以肯定的是，我們無法逃避命運，它必然會以其既定的方式出現。然而，你可以在塑造命運的過程中發揮重要的影響力，透過你的思想和行為，這就是所謂的『業力』，它建立在因果關係上，生命中所有的一切都會影響業力。我們現在穿越過這片美麗的森林，這絕對會影響我們的業力。我們與大自然相連，呼吸著新鮮的氧氣，心靈被森林的色彩、香氣和聲音所感動，這會讓你的心充滿善良和感恩，無論面對何種狀況，你的所思所想都將如此，而你的命運也將如此。」

我了解他的意思。這對我來說別具意義。與納塔彭在一起，我再度感受到不可抗拒的安全感和親近感。對我來說，就感覺好像他在教導我如何綁好鞋帶，獨立去上廁所和行走一樣，這些對他來說都是理所當然、再自然不過的事，但對我而言，每件都是新鮮新奇而且令人興奮的事。就像個孩子邁出第一步時的激動，我很高興能從納塔彭身上學習智慧。

我們大概花了一個小時，穿越這片茂密的雨林。我十分享受大自然給予的洗禮，這帶給我無比的平靜。這麼多年來我未曾這麼休息放鬆過。

回到寺廟後，我們到花園裡，坐在那張長椅上。

經過一陣沉默之後，我問他：「你認為我必須怎麼做，才能擺脫身上背負的包袱呢？」

「你什麼都不需要做，安德烈。你無法自主決定，所有一切你想要的，在這一刻已經被決定了。」接著，他說了一句讓我至今仍陷於深思的話：「叔本華曾經說過：『你隨時可以做任何你想做的事，但是在生命中的每一個當下，你只會有一件最想要的事，而除此之外，別無其他。』」

「這是什麼意思？」我訝異地問道。

「在你決定去做某一件事情的那個當下，你在內心已經有所期望，並且已經決定去做了，人們所理解的這種自由意志，其實是錯誤的。你可以現在站起來，去做你想做的事。例如，跳到那邊那棵樹上。」納塔彭舉起手，指向一片茂密的樹冠。

我不發一語地望著他。

「我們身為人類的可能性是有限的。我們最原始的本能衝動，在我們意識最深處默默地發揮作用，我們無法影響或控制這種『意願』，因為它不是發生在意識層面上。我們以為是自己想要什麼，但其實這個『想要』的念頭是早已被決定。在冥想禪修中，在完全平靜的狀態下，你可以發覺到這一點。」

「那我可以怎麼學會像你一樣的平靜、從容不迫，而不必去考慮或擔心自己的動機呢？」我抱著期待地問他，希望這次可以得到明確具體一點的回答。但他只是走向我，一如往常那般。

然後，他轉過身對我說：「讓我跟你說個故事。」

這些日子以來，我已經喜歡上納塔彭說的這些故事，每一次我都很想向他證明，自己理解故事的寓意和精髓。

一些年輕的男子走向一個老智者，他們問他：「智者，你為什麼總是這麼快樂、泰然自若？請教導我們，讓我們也能這般快樂和淡定從容。」

那位智者回答：「當我該吃飯的時候，我吃飯。當我該坐著的時候，我坐好。當我走路的時候，我走路，還有，當我該喝水的時候，我喝水。」

那些年輕的男子互相對視，滿是疑惑，其中一個說：「我們也是這麼做啊，我們吃飯，坐著，走路和喝水。我們和你做的事都一樣，但為什麼我們不開心？」

智者還是給他們相同的答案：「當我該吃飯的時候，我吃飯。當我該坐著的時候，我坐好。當我該走路的時候，我走路，還有，當我該喝水的時候，我喝水。」這些年輕男人還是一臉疑惑。

智者接著說下去：「是的，所有這些事情你們也做。你們吃飯，你們坐著，你們走路，你們也喝水。但是當你們坐著的時候，已經在想要站起來。當你們走路的時候，已經在想著要到達目的地。當你們在喝水的時候，已經在想著你們的下一餐。所以你們的思想總是飄忽，停留在別的地方，而不是在你們此刻所身處的當下。人生只發生在此時此刻，從現在開始沉靜在此刻、擁抱當下這一刻，你們便也有機會如我一般快樂和淡定自若。」

我了解這個故事要說什麼。「正念。」我有點遲疑地說。

「正念。」納塔彭重複道，並點了點頭。

他慢慢地從長椅上站起身，將手伸進袈裟中，朝寺廟的方向動身走去。我跟隨在他身後。

在這個晚上，我思考了很久他所說的話。我意識到自己過去這一生不曾真正地活著，因此更加堅定了我要做出改變的決心。要改變的不是過去，而是要到來的前方，這是我學習到的。

第12章

那是我的旅程倒數第二天。在這個早晨，只有幾個村民站在路邊捐贈我們食物。我並沒有因此而激動不悅，因為我無法改變什麼。這是我學到的一部分。一如以往，我和納塔彭午後坐在花園裡，這天的天空看不見一絲雲彩，熱帶雨林的聲響和氣味特別顯著和令人注目。納塔彭望著天空說：「當萬物皆止，萬物皆靜且無形時，這種狀態正是我們透過冥想可以達到的境界。」

我不確定我是不是正確地進行過冥想，於是問道：「當我在冥想時，腦袋裡總是跑出很多想法，我哪裡做錯了嗎？」

「這沒有所謂的對錯，」納塔彭簡短地回答。「重要的是你要使自己安靜下來，如果你可以做到把噪音聲量調到零，把腦中思考畫面的出現頻率降至最低，當你對自己的身體不再有感覺時，就可以體驗到當下。」我完全狀況外。儘管如此，納塔彭在四月的這一天的這一席話，撼動了我思想的基礎。

「今天的我已經確定，我要變成一個更好的人，我想要回饋這個社會，讓下一代可以過得更好、更輕鬆。我該怎麼做呢？」我問道。

納塔彭笑了，就跟之前一樣。「我們沒有權力讓其他人生活過得更輕鬆容易。我們並不知道他人的任務、計畫，我們也不知道伴隨他們生命的因果業力為何，確定的是我們可以幫忙，我們可以透過愛和善意將他人帶入我們心中，並努力贈予他們幸福。從小孩開始做起吧，安德烈。」

我無法置信地看著他，「小孩？我不覺得我是個好的教養者。我女兒已經不在身邊了。」

「你的女兒並不是因為你錯誤的教養而離開。」他嚴肅地看著我，

「她之所以離開，是因為她缺少愛和親情。很多孩子跟她一樣。而那些有幸擁有家庭溫暖的孩子，他們在學校就會感受到自己的幸福受到關注。孩子的幸福對我們來說是至關重要。但令人驚訝的是，世界上大多數的退休養老體系，都依賴於孩子身上，期望他們將來承擔我們晚年生活的保障，但我們卻經常忽略、甚至踐踏他們。」

「你指的是什麼？事實上有很多父母對小孩的愛勝過一切，努力讓他們的人生有美好的起步。」

納塔彭點點頭，「當然，這當然是好事，但是你想一想，那些去到學校的孩子，會發生什麼事？小孩子打從一出生，對這個世界就是充滿好奇、積極探索、充滿愛心和奉獻精神的。他們能很快就能辨別誰對自己好、誰不好；他們玩，單純就是為了玩；他們嬉鬧，是為了開心；他們笑，是因為透過笑容能帶來快樂。這樣開朗快樂、充滿生機，打從根本就是良善的生命體，正是我們這個世界所最需要的。孩子們——即便他們可以——也不會發動戰爭，不會壓迫其他種族，不會偏頗某個社會階層，他們會平等地對待每一個人；這正是我們人性的核心。現在你再看看，當他們離開學校以後的樣子，他們受到挫折，被擊倒了，他們學到了成績有分好壞的差別；他們學到了，在學校裡必須安靜地坐著，因為在學習生涯結束時，老師會交到你手上一張紙，這張紙上會評分，被分等級；就像安德烈你，總是乖乖坐好，安靜地學習。這難道真的是我們該追求的目標嗎？孩子們在遊戲中學習，但是在學校裡禁止他們這麼做。他們被教養成聽話順從的成年人，他們失去了創造力，失去了動力、熱情這些本能。當他們在學校裡安靜乖乖坐好過了十二年，不得不死背硬記以後再也不需要用的東西時，便是這個社會所謂的成功……」

「但是有些學習還是很重要的，他們應該要學習數學和運算，了解生物和宇宙。」我打斷他的話。

「這當然，我的意思是，我還記得我在德國讀書的時候，有堂數學課我們要學會計算兩個平面的交點，我問老師，我們學這個要做什麼？他說：『你這輩子都會需要用到數學，納瑟龐克。』他從來沒把我的名字念對過。當時我雖然學會計算這類題目，但後來我再也不需要用到數學，我寧可去做些對我有意義、美好的、有幫助的事物。我在德國有個同學拉斯，總是對上課不感興趣，但是在所有學科測試中，他總可以拿到班上最高分。後來我們才知道，上課根本引不起他的興趣，那些科目對他來說太簡單了，不具任何挑戰性。

「有一次，他又一動不動地望著窗外，剛剛提到的那個數學老師便說：『拉斯，你知道嗎，將來沒有人會因為你一直往窗外看而付你薪水。』後來，拉斯成為飛行員。我想這就是他對教育體制的回應。儘管他如此聰明，還是不適合待在這個教育系統裡。對我來說，學習的課程內容不是太重要，我們當然應該學習基礎的教育，但是要以怎樣的方式呢？孩子們被關在窄小、密閉的空間中，沒有新鮮的空氣，無法接觸大自然，這種方式我非常不認同。」

我思考了一會兒他的論點，認為他說得對。我想起自己的學生時代也有類似的經驗，直到今天，我仍然記得快要把我逼瘋的那些老師。我非常擅長數學、演算，總是像有魔法一樣能解出方程式。但是在語言方面我有很大的問題，我知道自己永遠不會從事需要具備語言能力的行業，但當時很希望他們能多鼓勵我、加強我的優點強項，而非一直關注、糾正我的缺點弱項。

於是我說：「納塔彭，我懂你的意思，也覺得你是對的。但是也有學校使用其他的學習方法，在大自然環境中、小班制，針對學生提供個別的學習作業。我女兒去的就是這一類的私立學校。」

納塔彭點頭，低頭注視著地上，「但是誰能去私立學校呢？只有來自富裕家庭的孩子吧？我就從來沒有這樣的機會。難道可以只考慮到父母有沒有錢，而給予孩子不同的發展機會，這樣公平嗎？在我看來，這是一種從根本上就有問題的做法。每個孩子都是我們的一部分，都應該被平等地對待。」

我不得不同意他。是的，我想要贊同他。在炙熱太陽照耀著泰國的這一天，我學到愛和善可以拓展到生活上的各個領域，只要我們願意。我感受到我已經準備好盡自己的微薄之力。我站在納塔彭面前，雙手叉腰，說：「好，我準備好了，還需要多久，我才能有所改變？」

納塔彭望著我，聳聳肩回答道：「大概需要十年。」

「那如果我非常努力呢？」我很想知道。

「在那樣的情況下，大概需要十二年。」他回答。

「不是，我是指我會投入我所有的力量，全力以赴，克服任何障礙，盡快、盡速達到我的目標。」

納塔彭再度望向我，笑了出來。「這樣的話，」這位僧侶說：「可能需要四十年吧。」

我完全無法理解，只能直直盯著他。

納塔彭接著說：「你越是拚命瘋狂地投入到某件事物上，它就會需要越長的時間，你取得的進展也會越來越少。你只需要有信心，每一項任務都必須先在你的內心解決了，然後才能向外拓展出去。」

我可以理解，並且完全地信任他。

「對你來說，生命的意義是什麼？你認為生命的意義是什麼？」我問道。

納塔彭看著我說：「當你從痛苦磨難中解脫，你就能體會到……從貪婪和慾望的枷鎖中解脫，從與他人不斷比較的束縛中解脫；當你的心靈因此而變得清透，能夠藉此望進自己的內在時，你便能察覺到，這就是生命的意義——自由。擺脫一切束縛，獲得自由。」

我依然記得那個晚上，自己坐在那裡好幾個小時，無法動彈，無法言語，無法做任何事。我對這位充滿智慧的導師深感敬佩，被他所給予的豐富見識所打動。他翻轉了我一直視為理所當然的想法，讓我對自己習以為常的言行做出深刻的省思，這一切都讓我非常感動。我想他也察覺到，這一晚的談話對我來說已經相當足夠，所以他先行離開了。

然而這天晚上，我卻發現內心充滿了渴望，想要更深入了解自己和生命。於是我決定，把假期延長幾天。

奇怪的是，那一夜我很快便睡著了。我感到筋疲力盡，不是因為疲倦，也不是因為熱，而是我朋友納塔彭的一席話。

第13章

按原來的行程，明天我就要啟程回家了。沒錯，就是明天。

帶著這個想法，我開始了這一天。早上，我沿著狹窄的小徑向下一直走到咖啡館，打給琳達，詢問有關目前訂單的狀態和公司情況。想不到，在二〇一三年四月的這一天，我們的訂單多到難以想像，多到我幾乎不敢相信。直到點開電子郵件，才終於證實了琳達的說法。於是我很放心地請她取消回程機票，再替我重新預訂一張四天後出發的新機票。

在咖啡館中，我俯瞰著遼闊的曠野，看到巨大的棕櫚樹、蒼翠碧綠的森林，以及在陽光下閃耀的涓涓小溪。我在這裡感受到了幸福，狀態也比以往任何時候都要好。我一刻也不想念我的別墅、我的那些車，或是以前生活中的便利舒適。

回到寺廟，納塔彭在那裡等著我。雖然我們從未對此談論過，但對我來說，他已經是一位讓我能從他身上學到很多人生真諦的摯友。

當他看到我爬上台階時，微笑著說：「很高興你的公司營運狀況良好，安德烈。」

「你怎麼知道的？」我回答。

「你知道，在天地之間存在著的事物，比我們能用理智來解釋的多更多。我就是知道。」

我笑了笑，已經很久不想再多問，為什麼這個人每天都能讓我感到驚奇。「這其中有什麼原因呢？為什麼有這麼多我們不知道的事物，但顯然是存在的呢？」我問。

「這是一種自我保護，」納塔彭回答。「一種對抗整體大局的自我保護。許多人對於無法理解的事物，會屈服於恐懼之中。人們想要相信一些能夠引導我們，並且為我們指明方向的事物；人們願意相信可以仰賴的事物，想要相信一個主體，讓自己可以把一些事件發生的責任歸咎於它。戰爭、天然災難、虐待、人權不平……等等，我們很難去理解所有這些都是咎由自取，而每個人其實都背負些責任。

「人們需要一個可以找到方向、固定的參考點來定位。大自然災難是來自地球本身，也可能來自上帝，這都是大眾普遍的看法，因為我們喜歡依賴第三者，以免感到內疚。你認識多少人會為了這些事情發生而感到罪惡？那是我們希望避免的。在基督教信仰中，這是普遍存在的想法。一種原罪的觀念，害怕自己有罪、擔心承擔內疚的人，就會避免去做不對的行為，這是其中的邏輯，不過這當然也會讓人陷入一個消極的惡性循環，把創造力、想像力囚禁在最陰暗的地方。

「在佛教中，我們採取不同的方式面對這個問題。因果報應是你所有的行為、感覺和思想導致的結果。每個人的行為背後都基於一些特定的環境條件。例如，當你打開雨傘時，背後的條件通常是下雨了，這個基礎條件會在你內心引起一些變化，可能是積極的或是消極的，可能是新的還是已知的，可能是荒謬的還是明確的。

「如果你喜歡下雨天，並且期待下雨，你就不會打開雨傘。相反地，如果你絕對不想淋濕，你就會打開它。試想一下，如果你在我們美麗的雨林中迷路了，你已經四處流浪了幾天，就快要餓死了，然後你抓住一隻鳥並殺死牠，以求能活下去——這在我們的觀點裡，你的行為是不對的，因為我們不殺生，但即使這樣，你也未必是個壞人，你只是面對周遭情況做出反應。重要的是，你要對自己在特定情況下的行為反應提出質疑。那如果你殺的是一個人，你會有何反應呢？」

我仔細聆聽著他的話，讓自己想像，假設處在那樣的情況中。

「我會感到非常遺憾後悔，並且衷心希望這不會真的發生。不過鳥有沒有可能為了求生存就來殺我？如果牠可以的話？如果會，那就是自然法則了。」

納塔彭放慢了腳步，看著我。

「是的，牠可能會那樣做，但是牠懂的道理並不比你多，不是嗎？這正是人類的責任義務，以及隨之而來的負擔。相較於鳥類，你是懂得後果的，否則你的道德感不就比鳥類還差勁？綜觀全局，這難道不是你的責任嗎？在這一刻，你的生命會不會比這隻鳥還有價值？這我們不得而知。但是我們作為人類，有義務要避免無知，要知道無知並不能阻止惡業的輪迴。因此，你終其一生都該是個潛心的學習者，就像我一樣。

「讓我們回到殺人的問題。你殺了一個人，你會為此感到遺憾，對吧？對許多人來說都是如此。那問題出在哪裡呢？問題就在於你阻礙了認知，你阻擋了對事情發生原因的了解，封閉了對動機的追問，是什麼導致你殺死這個人的？這些是你必須解釋的問題。會遺憾當然是對的，但是不要背負罪孽，這會阻礙你作為一個人的進步。你可能一生都知道你做了一些壞事，並且為此感到內疚，但就是不知道自己為什麼做。

「佛教始終是關於質疑自己，找到某些行為的背後原因，並根據愛和善良的標準來衡量。我們需要認知到，我們在這一生中對所有一切都要負責，我們的錯誤行為也包含在其中。我覺得這一點很棒，為此我們可以在任何一個時間點，都有機會創造並擁有我們想要的生活。」

我理解這些話的意思，它深深觸動了我。眼前這個人，的確理解生活是如何運行的。

「但難道不是有一些事物和情況，迫使我們去做一些事情嗎？比如說，納稅或過著守法的生活……」我問。

納塔彭笑了起來。「是誰逼迫你做呢？唯一能夠驅使你採取行動的是你自己。你必須納稅嗎？不是的，你的確可以不要納稅。不過，你必須為此承擔後果。我們人類經過漫長的幾千年，建立了一些法律規則，才使共同生活成為可能。如果你想成為這個社會的一部分，你就必須遵守這些法規。但是你也可以選擇離開這個社會，或擺脫相應的法律和規定，沒有人能夠強迫你。」納塔彭現在停了下來，抓住我的肩膀說：「這一點非常重要，安德烈，你永遠無法取悅每一個人，讓所有人都滿意。如果你想找到幸福，你必須放下這種想法。我來給你講一個我在泰國上學時的故事。」

一位老人騎著一匹小馬，旁邊跟著他的孫子。一個村民看到後非常激動地說：「真令人難以置信！他竟然自己騎馬，讓小孩跟在馬旁邊走路！」老人於是下馬，讓他的孫子騎上馬背。接下來遇見的村民卻大喊：「這怎麼可能？小孩像國王一樣騎在馬上，老人家卻得走路！」於是，老先生和孫子一起騎上馬。另一個村民此時呼喊道：「這太虐待動物了吧！怎麼可能兩個人騎在這麼小的馬上呢？」最終，他們兩個人都下馬，用繩子牽著馬繼續沿路走。接下來遇見的村民卻笑道：「你們真是太蠢了，已經有一匹馬了，還在旁邊用走的。」最終，老人帶著孫子走到一邊，對他說：「無論你做什麼，總會有人批評和譴責你。所以你只需要心地純潔，本著良善和愛行事，永遠不要問別人是怎麼想的。」

我以前已經聽過類似的故事，但是從納塔彭口中講出來，這故事變得更具指引、更動聽且有意思，因為他不會呆板地隨便講述故事，而是充滿信念地活出了故事的寓意。

我們穿越濃密的雨林走了好一段時間，空氣潮濕到令人難以置信。我出了一身汗，但一點也不讓我感到困擾不舒服。我感到非常幸福快樂、自由，並且有種更勝從前的強大方式生活著。在泰國，我沒有絲毫特權，也沒有屬下為我打理一切，也沒有特別的社會地位。我問納塔彭：「你說我們應該對更強大的力量、對宇宙充滿信心。但我的具體行為應該是什麼樣子？應該做些什麼具體的事情，才能成為一個更好的人，才能成為像你一樣的人？」

納塔彭繼續以緩慢的步伐前進，雙手交叉重疊在背後，目光高高地望向樹冠的方向。我跟在他身後約一公尺，試圖跟著他的腳步前進。經過漫長的沉默後，他終於開口說道：「沒有任何計畫可以達成這一點，安德烈。但如果想要成為最好、最仁慈善良、最有同理心的安德烈，這樣的機會將會出現的。用純潔之心行事，一切將會自然而然地發生。那些對你來說最困難的情境和決定，通常蘊含著機會，而且很可能會帶來最大的幸福。為此我想再跟你說個故事。如果你想聽的話……」我點頭微笑。納塔彭看不見我的身體語言，但他感覺到了。他開始講述。

很久以前，在蘇叻他尼這裡有個乞丐，他獨自住在街邊已經很多年了。他每天吃喝都要靠乞討來維持，但令他驚訝的是，竟然有人偷走他的食物，食物總是從他的碗裡突然消失，但他卻找不到小偷。有天，他看到一隻老鼠正在他的碗旁邊偷他的食物，用牙齒咬走麵包後消失不見。他耐心等待，直到老鼠再次露面，他問道：「老鼠，你為什麼偷我的食物？難道你看不出我是個非常窮的乞丐？你為什麼不去有錢人家裡偷拿些食物呢？他們才可以承受得起啊。」老鼠回答：「乞丐先生，我沒有辦法向你解釋原因，但我有個使命，那就是讓你永遠無法擁有超過七樣東西。因此我必須偷走一切超過這個數字的東西。阻止你擁有超過七樣東西，是我的宿命。」乞丐感到十分驚訝。他很想知道為什麼有人的宿命竟然是偷取他的東西。有一天，當老鼠再次偷走他的麵包時，他決定去找佛祖理論，問祂為什麼他只能擁有七樣東西。

他拿著一些食物，開始了旅程。他走了很長一段路後，天色漸暗，他看到一間房子，決定在那裡借宿。他敲了敲木門大門，屋主打開門後，乞丐問他是否可以在這地方過一夜。屋主同意後請他進去，他的妻子還做了豐盛的飯菜，這是乞丐第一次吃飽。屋主的妻子問乞丐的目標是去哪裡，他解釋說他要去問佛祖一些問題。於是這位婦人問：「如果你見到佛祖，能不能也替我們問祂一個問題？」乞丐對於他們一家的好客非常感激，於是答應幫她問佛祖。婦人接著說：「我們有個美麗的女兒，但打從她出生以來，沒有說過半句話。我們想請問佛祖，為什麼我女兒不會說話。」乞丐答應後，第二天早上繼續他的旅程。

在去見佛祖的路上，他突然遇到一座巨大的山脈，這座山他無法步行穿越。他感到非常沮喪，只好四處尋找其他可能的辦法。這時出現一位很老的男人，他有著又長又密的鬍鬚，白髮一直垂至背後，他手持一根木棍，上面有個黃色閃亮的大球被許多小樹枝圍繞著。乞丐問這位老人：「你是個巫師嗎？」老人點頭，並問乞丐為什麼會來到這座孤立的山上。乞丐解釋說，他要問佛祖為什麼他必須過著貧困的生活，而這座山卻阻擋住了他的去路。老人說：「跟我一起飛吧。我帶你飛過山頭。」他拉著乞丐的手，兩人一起升上天際。當他們從高處飛越巨大的山脈時，老人問他：「你可以幫我一個忙嗎？問問佛祖，我什麼時候才能升天？我已經等待一千年了。」乞丐對老人的幫助非常感激，於是答應替他問佛祖。

當他們越過山頭之後，乞丐繼續他的旅程。他已經能看到前方佛祖的寺廟了，沒想到又被一條廣闊而湍急的河川阻擋住去路。水勢洶湧，他擔心會被淹死，心情非常沮喪，想到差一點就能到達目的地，如今卻在此處失敗了，他只能坐在岸邊悲傷不已。這時一隻巨大的烏龜正好路過，牠問乞丐為什麼如此憂傷。乞丐解釋說，他想去見佛祖，問祂為什麼自己必須過著貧困的生活。烏龜說：「沒問題，我可以安全地帶你穿越過湍急的河流。但是你能替我問問佛祖，何時我才能晉升為一條美麗的龍嗎？我已經等待一千年了。」乞丐為了感謝烏龜的幫助，於是答應替他問佛祖。

到達河的另一邊之後不久，終於到達了目的地。走進宏偉的寺廟，他找到了佛祖，雙手合十，深深地鞠躬，問道：「尊敬的佛祖，我可以問祢一些問題嗎？我走了很遠的路，必須克服很多障礙困難，只為了見到祢。」佛陀微笑著回答：「當然可以。你可以問我三個問題。」乞丐回答：「但是我有四個問題。」佛祖保持沉默不語。於是乞丐思索著哪個問題他應該省略。他很同情那個從未說過話的可憐女孩，於是他問佛祖：「為什麼那位美麗的女孩不會說話？」佛祖回答他：「這個女孩會遇見她的靈魂伴侶，到時她便會開口說話了。」乞丐想著那位年邁而充滿智慧的老人，決定替他提問。佛祖回答：「這位老人只需放開他已經緊握了一千年的棍子，他便能飛升上天。」乞丐現在只剩下一個問題了。在考慮到那隻已經等待了一千年的烏龜之後，發現自己的問題和困境不過微不足道時，他決定不問自己的問題，而是選擇了烏龜的問題。佛祖回答：「只要烏龜一直躲在牠的龜殼裡，牠就不會變成為龍。牠必須要先放棄離開牠的龜甲。」乞丐感謝佛祖後，離開了寺廟。

在回家的路上，他又遇見那隻烏龜。他告訴烏龜必須放下甲殼，然後就能變成龍。於是烏龜爬出牠的龜甲，終於變成了一條巨龍。在烏龜留下的甲殼中，乞丐看到了來自深海最深處好幾千顆美麗的珍珠。那條龍向乞丐表達致謝之後，便愉快地飛向空中。然後乞丐遇到了那位年邁充滿智慧的老人。他告訴老人，他必須放下手中的木杖，然後就能升天。老人放下木杖，果然便幸福地緩緩升向天際。乞丐現在不但因為有了烏龜贈送的珍珠而變得富有，還因為擁有老智者的木杖而變得強大。他帶著木杖飛向那位美麗女孩的家，她母親打開門，問他是否與佛祖交談過。乞丐點頭並說，只要女孩遇到靈魂伴侶，就會開口說話。此時這個女兒走下樓並開口說話了。她的父母感到十分震驚，原來這個乞丐正是她女兒的靈魂伴侶。他們結婚後，從此過著幸福快樂的生活。

納塔彭結束了他的故事，停下來。深深地看進我眼裡，說：「這正是最大的祕密，安德烈。你在這個世界上所做的一切善事，都將會回報到你身上。只是你不知道何時、或會以何種形式出現，但只要有信心，它必將發生。」

我被這個故事和納塔彭對這個故事本質的深刻信念所感動。我感到自己準備好了，準備成為一個全新的、更好的人。雖然納塔彭可能會反對我使用這樣的措辭，因為在他看來，世界上並沒有好人或壞人。但我心意已決，我要盡一己之力去幫助其他人。

納塔彭在我沉思時觀察著我。

「安德烈，」他以嚴肅的語氣說道，「只有一條唯一的準則必須要遵守。行善要出於真心，而不是期望因此得到什麼回報。」我點點頭，表示明白了。在這一刻，這位僧人對我來說意義非凡。我對此無比感激，並感受到事情正在順勢而為、自然地發展著，就像他故事中的乞丐一樣。當初我剛到達此地時，的確很生氣，不明白自己為什麼要來度假，還為此咒罵了琳達。如今我知道，她是隨後所有事情發生的起點。我看著納塔彭，問道：「我怎麼知道我的行為是出於真心，而不是潛意識中期望因此得到回報呢？」納塔彭回答說：「當你感受到愛時，你就會知道。」

「對於愛，其實我並不太了解，納塔彭。我曾經愛過我的妻子，當然也愛我的女兒，但她們現在都不再是我生活中的一部分。」我深切思考後這麼回答。納塔彭看著我，微笑說：「愛遠不止這樣；愛比廣闊還更廣闊，比偉大還更偉大，愛是一切。愛維繫著整個人類，擁有使人類團結的巨大能力。讓我再給你講個故事。」

小桑雅問她的爸爸，可不可以向她解釋什麼是愛。她的爸爸回答說：「不能，自從和妳媽媽離婚以後，我再也不能告訴妳了。我曾經以為我們擁有的就是愛，但我想我大概錯了。」

於是小女孩問她的媽媽。但她也不知道，只是說：「問妳爸爸吧。」

隔天，桑雅在幼稚園問她的老師知不知道什麼是愛。老師微笑著回答：「愛是一份禮物，希望妳長大以後，能夠認識它。」

但桑雅對這答案還是不了解，不太滿意。當她問老師是否可以買到愛時，老師回答：「不行，雖然的確有些人認為可以。」

桑雅問了好多人，但沒有人可以給個令她滿意的答案。

後來她又問她的保母，知不知道什麼是愛。「是的，我知道，桑雅。」她回答道。這回答令小女孩的耳朵立刻豎了起來，「只有當你付出愛的時候，你才會得到愛。然後你的心會狂跳不已，整個世界變得五彩繽紛而溫暖。」

桑雅又問，如果只有自己一個人的時候，心會變成怎樣？

這位年長的婦人傷心地回答：「那時，心就又會感受到孤單了。」

假期期間，桑雅去探望她年邁的奶奶。她想奶奶肯定知道什麼是愛。畢竟，她已經幸福地結婚六十多年了。當桑雅問她關於愛的問題時，奶奶微笑著卻沒有回答，她只是很快地走進房間，拿了一個舊寶盒，又走了回來。

「看看裡面，妳會找到問題的答案。」

桑雅小心翼翼地打開小寶盒，發現裡面放著一面鏡子。

「看一下妳自己，」奶奶鼓勵她說，「妳在自己的內心裡就擁有愛，妳的心散發著最美麗繽紛的顏色，而且妳永遠都可以愛自己，就是妳現在這個模樣。每個愛自己的人都會發散出光芒，並且能吸引那些能夠愛他們的人。不要忘記，愛一直存在於妳的內心深處，我的小桑雅。」

納塔彭看著我，問道：「你知道這故事有什麼意思嗎，安德烈？」

不知道，我不懂。這個故事很可愛，但是到底要表達什麼？我微微搖頭。

「你必須愛你自己，始終如一且時時刻刻地愛自己，愛你所有的棱棱角角，接受所有的優缺點，因為這就是你的本質，也是你所以是你的原因。這很重要，安德烈，這正是通往幸福的鑰匙。」

我看著他，問道：「我該怎麼愛自己？沒錯，我對自己還算相當滿意，但是……」

「你知道嗎，安德烈，」他打斷了我，「如果我問你，你為什麼現在坐在這裡，你為什麼穿著這身罩袍，你會怎麼回答？」

「嗯，我現在會在這座廟裡，是為了認識、深入這裡的文化，期望在此重新打造自己。」

納塔彭站了起來，示意我跟著他。我們走下寺廟的台階，直到那條通往山谷的窄小路徑上。

在路上，我說：「納塔彭，我想——」

「什麼是正念，安德烈？」他平靜地打斷我。「當你走路時，就專心走路。讓你的思緒完整地停留在當下這一刻。我知道你有很多問題，這還必須要練習，生命中真正重要的悟道，都是在寧靜中領悟到的。」

於是我默默地繼續路程並且思考著。他說得對，最深刻和最根本的體認，我都是在這裡、在寧靜之中領悟到的，是當我細細思量他的話語而得到的。

我們抵達山谷後，沿著道路走，來到一座完全用木頭建置的漂亮高腳屋，大型的階梯直接通向上方大門。在屋前的草地上有幾個孩子正在玩耍。納塔彭和我直接走向他們，在孩子面前停了下來，他向一個看起來大約四歲的小男孩說話，那孩子抬頭看向他，簡短回答了些話。我完全聽不懂，只好問納塔彭能不能為我翻譯。

「你問他什麼？」

「我問他為什麼在草坪這裡玩？」

我懷疑地看著他，「那他的答案是什麼？」

納塔彭笑了笑，「他的答案是，就因為這樣。」

我笑了，「完全沒有意義的答案，不過他還小，還不懂得生活是怎麼回事吧。」

納塔彭把我拉到一旁，認真地看著我的雙眼說：「恰恰相反，安德烈。」

我們坐在大約離孩子們二十公尺遠的草地上，「孩子們以簡單的方式去理解戲劇性的人生意義，專注於當下，不去想等一下或是明天，孩子們是自由的，不被任何事物拘束，社會卻按照自己的設想把他們培養成人，從而讓他們失去了最寶貴的東西：他們的自由，無憂無慮和快樂喜悅。」

我望著他看，深深體認到他是對的。他慢慢站起身，我也跟著站起來。我們走回到馬路上，他按著我的肩膀，看著我的雙眼說：「老子曾說過，大道至簡。只是人們喜歡繞其道而行。」

我喜歡這個名言。「納塔彭，你這裡所說的繞道，更具體的意思是什麼？」我很想更了解。

「繞道有很多種不同的形式，安德烈。每當你把自己和他人做比較，尋找差異之時……所有人都是一體的，唯一的區別只在於我們賦予他們的名稱。」

「這是什麼意思？」我問道。

「我們兩個有什麼共同之處，安德烈？我們和剛剛遇到的那些孩子們，有什麼一樣的地方？你和這個星球上的其他人又有什麼共同點？」

我認真思考了一下，只想到一個答案，「我們全都是人類，但老實說，我不認為我和美洲的原住民又有多大的共同點，我們過著完全不同的生活型態。」

「這就是比較，人們以為彼此不相關、是分離的，事實上所有人都是相連的。你和每一個人都是互相連結的，每個人都是萬物的一部分，所有人都是互相關聯的。」

我只能看著他，他微笑著。接著，我問了他長久以來一直在我心中的問題。

「納塔彭，對你來說最大的幸福快樂是什麼？我知道這很難去描述形容，因為涉及到很多層面，但如果要你用一句話來表達，你會怎麼說？」

納塔彭微笑著對我說：「我與自己和平共處，在這個世界上沒有比這個更幸福快樂了。」

我心裡很激動，覺得他的語意非常強烈。我真真實實感受到他確實有這樣的想法，而且也感受到他與自己完全地和平共處。

現在的我感受到整個人充滿自由和活力，很想立刻告知全天下的人，每個人都應該要懂得這些。接著我問道，「納塔彭，那如果真的發生了一些不幸的事情時，該怎麼辦？假如我的妻子去世了，我該如何面對？」

「當有人去世時，在德國，人們會哀悼緬懷，對嗎？為什麼人們會對此悲傷哀痛呢？」

「他們為失去所愛的人悲傷。」這點我很肯定。

沒想到納塔彭卻笑著搖頭，「不是的，其實大部分的人是出於震驚，因為這通常是出乎意料之外發生的事。人們如何能面對這突如其來？如何能對此有所計畫？沒辦法，你做不到。這就是死亡的祕密，它等待著我們所有人，我們卻對其一無所知，這就是我們害怕死亡的原因，因為對來世的不確定性總是默默地伴隨著我們。其實面對死亡並與它打交道，也可以是非常開放和有幫助的。」

「你這是什麼意思？」我猶豫地問道，並不確定自己是否想更深入了解這個話題。

「我們是以不同的方式對待死亡。人們會淨化清潔身體，原諒所有的罪過，並祈求能從罪過中解脫出來，這樣靈魂便可以找到自己的路。一般會有四位僧侶在場，我們連日祈禱數天，以引導靈魂前進它的旅程。然後屍體被火化，通常會將骨灰撒在海裡。但在這裡的人不會哭泣，這只是另一種悲傷的方式，與你從小被教導的方式不同。所有你的思維方式、你的行為和恐懼，也都是在某個時候學習到的。你在飛機上坐了幾個小時，也會發現其他人有各自不同的想法。」

我發現他的解釋饒富興味，我聽得很入迷。

「當你在生活中需要做出很艱難的決定時，你會如何處理？」

我想了想，回問道：「你是指當我要結束一段關係，還是開始一份新工作之類的嗎？」

納塔彭只是點了點頭。

「嗯，我會先考慮各個決定選項正面和反面的後果。通常人們都會害怕做出錯誤的選擇，事後感到後悔不已。」

納塔彭回答說：「我們人類存在的所有奧祕，就在於不要恐懼。現在想像一下，如果你今天需要做出個決定——假設你在工作上不是很開心，面臨著選擇是否要換新工作。你會猶豫懷疑，比較得失，在腦海中反覆推想種種可能的後果……其實你只需要問問自己，如果你在臨終之際，回頭想到這件事，你會有什麼感受和想法。這就是你要的答案。」

我懷疑地看著他，「但是在臨終前，我已經知道這件事的結果，應該很容易說服自己接受任何選擇吧。」

納塔彭點了點頭。「這不是重點。關鍵重點在於不要害怕，要傾聽你的內心。每個人的生命都承受一定程度的苦難。有時這些苦難正是引發我們覺醒的原因。我們只需要清楚地意識到，所有的苦難最終都會結束，所有的美好也終會結束。這是一個偉大的祕密：什麼都不會留下，你的身體不會，你的家當不會，你的所有物和你的財富也都不會永久存在。在這個世界上，一切都只是短暫的過眼雲煙。大自然已向我們樹立了榜樣，我們只需要好好地去看，便能懂得，只是我們人類往往不願意面對這一點。在我看來，這就是導致世界上所有苦難的根源。我們必須要覺醒、認知。我還想跟你講個和這個相關的故事。」

一個國王對他領土內的所有智者說：「我為自己打造了一枚最尊貴的國王戒指，完美無瑕融合了鑽石、黃金和白金。我希望你們給我提供一條訓誡，能讓我在困境和最絕望的時候帶來安慰。這句子必須簡短，好讓我放在這枚榮光之戒裡面，隨身攜帶。」

所有的智者和學者都有長篇大論的偉大信息，但要他們改以簡單幾個字來描述，幾乎是不可能的。

國王有一個侍者，年紀很大，他是這個家族的一分子，所以國王從來沒有把他當成僕人對待，而是珍惜感謝他為國王的家人做出的犧牲。國王對他說：「你有這樣一條訓誡可以給我嗎？」

老人說：「我不是聖人，我沒有受過教育，也沒有學問，但我知道一個這樣的信息。事實上全世界只有唯一這一條，但是那些智者和學者無法告訴你，因為這條信息並沒有寫在書本上，你必須親身體驗它。我非常感謝你這些年來在皇宮裡對我的照顧，為了報答感謝你，我將把這信息給你。」

他把這內容寫在一張小紙上，摺疊好對國王說：「現在還不能看，把這紙條放在你的戒指下，好好保存它，唯有在非常緊急和危急的時刻才能打開來看。」

那個時刻很快地來臨了，這個王國被敵人入侵，國王失去了他的領土。他騎著馬逃離敵人的追趕，但是敵人的軍隊緊追不捨，人數眾多佔有優勢，他只剩下孤身一人。

最後他來到了路的盡頭，巨大的牆在他面前拔地而起，四周是一片茂密的森林，被包圍的他無處可逃。如果騎兵們找到他，那就將是他的末日。由於敵人已經跟上他，他無法回頭，已經可以聽到他們的馬蹄聲。他再也沒有出路了。

突然，他想起了那枚戒指，他打開它，拿出那張紙條，上面是那位忠實侍者寫下的信息：「這也將會過去」。當他讀到這句話的時候，他變得十分安靜，一動也不動安靜地等待著。這也將會過去。這時，追趕他的騎兵們選了另一條路走，沒有找到國王。國王對他的侍者充滿深深地感激。

他將紙條重新折好，放回戒指裡。又過了一些時日，他再度招兵買馬組成軍隊，最後又奪回他的領土。

在他凱旋而歸的那一天，所有的人都在為他慶祝，他感到非常地自豪。

那位老僕人走到他的馬車旁邊，說：「我的國王，現在也是閱讀那條信息的正確時刻。請再讀一遍。」

「你是什麼意思？」國王問道，「現在我不需要這個提醒了。我贏了，這個王國又是我的了。你沒看到人們是如何為我慶祝歡呼的嗎？」

「仔細聽我說，」老人說：「這條信息不僅僅適用在人生絕望的時候，它同樣也適用於豐衣足食的時代、勝利和成功的時刻。它不僅適用於失敗者，如果您是贏的那一方也同樣適用。不論你是最後一名，還是第一名，都同樣適用啊。」

國王打開他的戒指，再度取出紙條唸道：「這也將會過去。」

突然間他感到相同的平靜，處於狂歡和慶祝的人群之中，他的驕傲、自我都消失了，一切終將都會過去。

他邀請老侍者上他的馬車，坐在他身邊，問道：「什麼都會過去。現在我明白了。你還有其他要告訴我的嗎？」

老人說：「不要忘記，一切終將會過去。只有你會留下，作為永遠的見證人。一切都會結束，但你會留下，你是真實的，其他的一切只是一場夢，一個幻覺，一個瞬間的片刻。有美好的夢，當然也有噩夢。但不管是美夢還是噩夢都不重要，重要的是對於這些夢境的『領悟』。

「這份『領悟』，才是唯一的真實。」

這也將會過去。我終於理解了。

「那用以『領悟』的主體，是什麼？」我又問：「是我們的靈魂嗎？」

納塔彭微笑著說：「是的，我的朋友，意思是儘管夢境會結束，但你的靈魂仍然會存在。當你在這裡的任務完成時，你將繼續前行。你不會攜帶你的財產，不會攜帶你的成就，更不會攜帶你的身體，你將獲得新的任務，並且獲得重生的機會。你會選擇新的父母，與他們一起完成你的任務使命。對我們來說，涅槃是最後的階段，是離開輪迴，離開永恆無止境的生與死的循環，那唯有透過覺醒，領悟，才能終結那因貪婪、憤恨、嗔癡等錯誤的觀念造成的苦難。」

我在內心深處感到了這份領悟。我的成功，我的財富，我所取得的一切，都是有限的。我的生命是有限的。安德烈是有限的。我所有的財產、我的成就、頭銜，它們都不是我，還有更多更多，在這一天我非常清楚地感覺到了。

結束了這段對話，我們也回到了寺廟。我已經完全失去了時間感，一方面對於我可能在內心深處早就做出的這個決定，感到難以置信的興奮；另一方面，我知道我已經到達另一層境地，我理解了生命的真諦，相信每一天會有越來越深刻的領悟。

＊＊＊

在這天下午，我坐在我們那張長椅上，在腦海中回顧了過去幾週發生的一切。我所經歷的這一切，我所學到的這一切，其中部分是痛苦地體悟，我永遠無法忘記，也不想再忘記。我重新思考了我擁有過的奢侈生活，以及我對待其他人的態度和看法，並在內心深處清楚地意識到，唯有與大自然和諧共處、與自己和平共處，才可能是唯一真實的道路。

我坐在那裡，一無所有，無物無財，對任何事物都沒有貪慾。我坐在那裡，完全地解脫、自由、滿足和快樂。在這一刻，我不用多加思索也明白了，這正是我的路，這正是我人生的使命：學習真知灼見獲得啟示、感恩地生活，並珍惜欣賞身邊所有的人，無論他們的出身、外表和性格。

那是一個星期五，更正確地說是五月三日，我做出不再回德國的決定。或者更確切地說，是決定降臨到了我身邊，我感覺得到它，我並非是有意識地做出決定。

正如我的朋友納塔彭曾經說過的那樣：決定是很久以前已經做出

的，只是今天才看到了它。

直到今天我仍然可以清楚描述那一天，彷彿昨天才發生一樣。午後的陽光燦爛而溫暖，我看見無數的鳥兒從一棵樹飛到另一棵樹，我看到在我身後那座堂皇莊嚴的寺廟，它已經成為我的家。我看著沒有任何雲彩的天空，我專注於我自己，此時此刻，我比以往任何時候都好。

這份感受，這份我在這天感受到的感覺，世界上沒有任何金錢可以與之衡量。我仍然記得當時我有多麼地興奮和充滿力量，我一點都沒有為即將要被徹底改變的生活有絲毫的恐懼，就這麼摒棄了我在短短幾週以前，還認為是世界上最重要的那一切。

我欣喜若狂地朝納塔彭跑去，想告訴他我為自己做出什麼決定。

「納塔彭，我想告訴你一件事。」我呼喊道。

他開始笑了起來，打斷了我：「我知道了，安德烈。」

我也開始笑了起來，知道他已經感覺到了我的決定。也許，比我還更早知道。

＊＊＊

有一天，納塔彭和我站在寺廟的花園裡時，我們聽到從大門入口傳來聲音。

他對我說：「該你了。」他把手放在我的肩膀上，給我一個深深理解的眼神。我走向大門入口，站在樓梯下方等待的一共三個人，顯然是觀光客的模樣，就像我多年前一樣。

其中一個年輕男人爬上階梯，停在我面前。我的雙手在袈裟底下，赤著雙腳、穿著一身橘的站在他面前。他有點緊張，問道：「你好，我叫湯瑪斯，我們從法國來，要找間寺廟住一個月，我們找對地方了嗎？」

我想起第一次和我的朋友納塔彭相遇的情景。

太陽無情的照耀下，看得出來這三位有多辛苦，和我當時一樣走了右邊的小路，汗流浹背、扛著滿滿的行李穿越大半個雨林，才終於到達這裡。

我只是看著他們好幾秒，最後笑著說，「誰知道呢？」

後記

當我做出決定，不再回到德國的昔日生活之後，我打了電話給前妻，向她致歉。我們互相原諒了彼此。我也打了電話給女兒，告訴她我非常愛她，有需要時我永遠都會在。我還打了電話給瑪爾塔、約亨、琳達，和所有熟識的朋友，說我非常感謝他們曾經是我生命的一部分，我愛他們。

我委託了律師和會計顧問，將我的別墅轉送給我的女管家瑪爾塔，並且確保她能夠無憂無慮地在那裡養老。我所有的車子則送給約亨。最後，我沒有把公司經營權傳給領導高層、或業績最好的員工，而是完全交給琳達，至今她仍然擔任這個職務。

我還賣掉了我的股票投資，把所有的資產都捐給了寺廟、考艾國家公園和村民。這是我回饋世界的方式。我們用自己的雙手修建了新的道路、種植樹木，我們每天都努力在保護熱帶雨林裡瀕危物種。我保留了公司的股份，並將每年的利潤分配給那些認真生活的優秀人們。我是在蘇叻他尼山腳下的小咖啡館寫下這些文字。

如今，我已經在泰國生活了七年多。

我和僧侶們住在一起，和村裡的人生活在一起，我是最幸福的安德烈。

現在我在咖啡館裡結束我的故事，這裡也是我七年前開始新生活的地方。

我很快樂。我很感激。

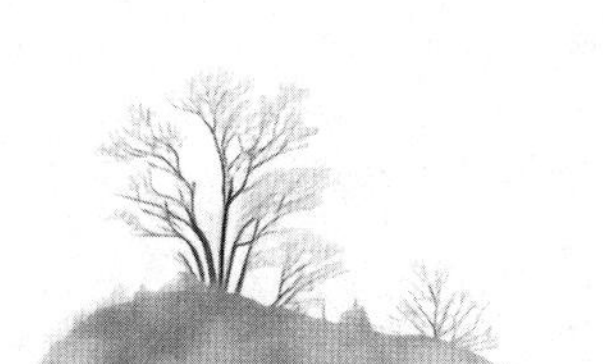

當富豪遇上僧侶

一個逆轉人生的真實故事

作者——朱利安・赫姆森
譯者——林吉莉
副總編輯——簡伊玲
美術設計——王瓊瑤
校對——金文蕙
特約企劃——林芳如

國家圖書館出版品預行編目 (CIP) 資料

當富豪遇上僧侶：一個逆轉人生的真實故事 / 朱利安 . 赫姆森 (Julian Hermsen) 著 ; 林吉莉譯 . -- 初版 . -- 臺北市 : 遠流出版事業股份有限公司 , 2024.05　面；　公分
譯自 : Der Millionär und der Mönch.
ISBN 978-626-361-660-8(平裝)

1.CST: 自我實現 2.CST: 人生哲學

191.9　　　　113004785

發行人——王榮文
出版發行——遠流出版事業股份有限公司
地址——104005 台北市中山北路一段 11 號 13 樓
客服電話——（02）2571-0297
傳真——（02）2571-0197
郵撥——0189456-1
著作權顧問——蕭雄淋律師
ISBN ——978-626-361-660-8

2024 年 5 月 1 日　初版一刷
定價——新台幣 360 元
（缺頁或破損的書，請寄回更換）

遠流博識網　http://www.ylib.com
E-mail: ylib@ylib.com
遠流粉絲團　https://www.facebook.com/ylibfans
